Franz Günter Leicht

Paradigmenwechsel hin zu einem geistigen Weltbild

Allgemeine praktische Überlegungen

Band 1

Paradigmenwechsel hin zu einem geistigen Weltbild

Allgemeine praktische Überlegungen

Franz Günter Leicht

Band 1

Bibliografische Information der Deutschen Nationalbibliothek:
Die Deutsche Nationalbibliothek verzeichnet diese Publikation in der Deutschen Nationalbibliografie; detaillierte bibliografische Daten sind im Internet über http://dnb.dnb.de abrufbar.

Herstellung und Verlag: BoD - Books on Demand, Norderstedt

2. Auflage April 2021

ISBN: 978-3-7534-4280-8

Inhalt

I. Unabhängigkeit (Betrachtung aus vorwiegend materialistischer Sichtweise)

Hinweis: Dieser Abschnitt befasst sich mit der Frage, inwiefern es möglich ist, trotz des Eingebettet-Seins in das Kollektiv ein Stück Unabhängigkeit zu erhalten.

1. Inwiefern sind wir unabhängig?

Stichworte.

- Zugehörigkeitsgefühl.
- Leben in der Gemeinschaft - Leben in der Isolation
- Versöhnung.
- woher kommt der Kräfteverschleiß?

Nachstehend werden wir einfache Beispiele aufführen, um uns klar zu machen, dass ein Leben des Miteinanders und Füreinander ein leichteres Leben ist als ein Leben des Egotrips, Alleingangs und Gegeneinander.

Generelle Überlegungen.

Es ist unumstritten, dass wir einander haben und dass wir das Leben miteinander teilen. Mit Manchen teilen wir ein Haus, eine Idee, ein Ziel oder sonstige Gemeinsamkeiten. Wir teilen die Luft miteinander. Wir teilen einen Staat miteinander. Wir teilen die Erde miteinander. Wir teilen das Universum miteinander. Dabei teilen wir auch solche Dinge miteinander, die wir (momentan) nicht sehen können, die aber dennoch vorhanden sind.

Wäre die Mitwelt nicht da, könnten wir gar nicht leben. Ohne die Mitwelt hätten wir auch keine Probleme. Probleme können wir immer nur mit dem anderen haben. So können wir sie nie alleine lösen, sondern immer nur mit der Mitwelt. Der Alleingang ist daher der falsche Weg, Probleme zu lösen. Er führt uns in die

Isolation. In der Isolation ist das Leben trist und lieblos. Ferner fehlt in der Isolation das Zugehörigkeitsgefühl. Wenn dieses fehlt, erscheint das Leben sinnlos. Dann verschließen wir uns regelrecht vor der Mitwelt. ***Wir denken wohl, dass wir unsere Identität verlieren, wenn wir uns nach außen hin öffnen.*** Das Gegenteil ist der Fall. Denn Identität hat immer etwas mit Zugehörigkeit zu tun.

Jemand, der sich vollkommen isoliert, lässt seine geistigen Fähigkeiten, die in ihm schlummern, brach liegen. Ja, seine Fähigkeiten verkümmern. Und die, die er noch hat, sind niemandem so recht von Nutzen. Er selber ist unzufrieden, schimpft nur noch auf die anderen und ist unausstehlich. Und weil er vor lauter Angst, Verdruss, Hass und dgl. gehemmt ist, sich frei in der Gesellschaft zu bewegen, ist er in seiner Freiheit maßgeblich eingeschränkt. Was also könnte Isoliertheit und Unfreiheit mit irgendeiner Identität zu tun haben. Außerdem fühlen wir uns in der Isolation einsam und dem Tod näher als dem Leben. Ja, dann wünschen wir, eher tot zu sein als lebendig.

Wenn wir uns auf der anderen Seite nach außen öffnen und uns allen gegenüber wohlgesinnt zeigen, werden die anderen sich mit uns in irgendeiner Form verbinden wollen. Oder wer ist schon so dumm, dass er Freunde abweist und sich mit Feinden verbindet? Selbst dann, wenn sich trotz unseres Wohlwollens jemand mit uns nicht verbinden will, so unterstützt er dennoch unser Tun. Zumindest wird er unser Tun nicht torpedieren wollen. Jedenfalls werden wir einen Großteil der Mitwelt für uns gewinnen können. Weil dieser Teil unser Tun für gutheißt und unserem Tun sogar entgegenkommen wird, macht dies unseren Handlungsspielraum größer. Und so können wir unsere Fähigkeiten, die in uns sind, entfalten. Insgesamt macht dies uns freier und mächtiger.

Zeigen wir uns aber der Mitwelt gegenüber egoistisch, unfair, überheblich und aggressiv, wird sie uns in irgendeiner Form in die Schranken weisen. Und gerade dies verringert unseren Handlungsspielraum und macht uns unfrei. Fühlen wir uns unfrei, fühlen wir uns zugleich als Außenseiter, was uns nicht gerade ein Identitätsgefühl vermittelt.

Je nach Situation kennen wir unterschiedliche Identitäts-Gefühle, die durch ein bestimmtes Zugehörigkeitsgefühl zum Ausdruck kommt. So können wir uns nicht nur unserer Familie zugehörig fühlen, sondern auch einem Verein, einem Staat, der Menschheit, der Erdbewohnerschaft, usw. Dabei sind im Zugehörigkeitsgefühl keine Grenzen gesetzt. Ist diese Grenzenlosigkeit berechtigt? Im strengen Sinn ist das grenzenlose Zugehörigkeitsgefühl das einzig wahre Zugehörigkeitsgefühl. Warum?

Als einzelner Mensch leben wir nicht für uns allein. Wir leben von Mineral, Pflanze, Tier und letztendlich von der gesamten Umwelt. Ohne die irdische Vielfalt, die ein recht komplexes Wechselwirkungsfeld darstellt, können die einzelnen irdischen Lebensformen nicht leben. Die eine Form braucht die andere. Die Erde ihrerseits braucht die Sonne, weil ohne die Sonne ein Leben auf der Erde nicht möglich ist. Unser Sonnensystem ist Teil unserer Galaxie, die wiederum Teil eines Galaxie-Haufens ist; usw.

Und ob das gesamte sichtbare Universum die Ur-Basis allen Seins und Lebens sein kann, ist fraglich. Schließlich gibt es viele Indizien, die darauf hinweisen, dass es höhere Seins-Ebenen gibt. Insbesondere dann, wenn es Anhaltspunkte gibt, die auf die Existenz höherer Seins-Ebenen hindeuten, müssen wir die Existenz des Unsichtbaren sogar fordern. Es sind u.a. die Religionen, die hier diese Anhaltspunkte liefern. Menschen, die in der Meditation in höhere Seins-Ebenen gelangen können und diese sogar wahrnehmen können, liefern ebenfalls dafür Anhaltspunkte. Ja, es gibt sogar Wissenschaftler, die sagen, dass sie GOTT, was immer sie auch darunter vorstellen mögen, beweisen können. So also müssen wir unser Identitätsgefühl erweitern, wollen wir ein rechtmäßiges Identitätsgefühl an den Tag legen.

Jedenfalls zeichnet sich Eines klar ab. Je geringer unser Identitätsdenken ist, desto unfreier fühlen wir uns. Je größer unser Identitätsdenken wird, desto freier fühlen wir uns. Schließlich erlaubt gerade diese Grenzenlosigkeit unserem Geist, seinen Blick in die Unendlichkeit zu richten. Und so gibt es sowohl im Identitätsgefühl als auch in unserem Denken keine wirklichen Grenzen.

Welche praktischen Möglichkeiten erlaubt uns diese Tatsache? Selbst dann, wenn wir uns in der Begrenztheit wahrnehmen, haben wir die Möglichkeit, entweder die Mitwelt für uns zu gewinnen, oder ihr den Rücken zu kehren. Versuchen wir die Mitwelt für uns zu gewinnen, wird unser Handlungsspielraum größer. Kehren wir ihr aber den Rücken zu, wird unser Handlungsspielraum kleiner.

Wir können, obwohl wir einander haben, aneinander vorbeileben. Doch was ist das Resultat? Niemand ist so richtig glücklich damit. Wenn jeder mit seiner Eigenbrötlerei seine eigene Suppe kocht, wird kaum ein Grund zur Freude gesucht, weil niemand den anderen so richtig an seinem Leben teilhaben lässt. Die Meinung des anderen wird nicht richtig ernst genommen. Sie bleibt auf der Strecke. Ja, der andere bleibt auf der Strecke, weil er nicht ernst genommen wird.

Offensichtlich ist, dass dieser Weg niemandem wirklich guttut, dass er niemandem wirklich dient und dass er mit einem Kräfteverschleiß verbunden ist. Mit diesem Weg tun wir etwas, das dem Leben entgegen steht. Wir bringen zu oft Kräfte auf für nichts. Doch könnten wir es viel einfacher haben, wenn wir nur die Richtung des Wegs umkehren würden. Gemeinsame Wege sind immer leichter und immer effektiver als Alleingänge. Dabei ist es egal, wo wir gerade stehen. Selbst dann, wenn unser Leben ruiniert zu sein scheint, haben wir die Möglichkeit, wieder aufzustehen. Schließlich ist es immer schon Menschen gelungen, sich nach einem Sturz, wie tief er auch gewesen sein mag, aufzurichten, oder sich nach einer sehr schweren Krankheit, zu erholen.

Nur der körperliche Tod würde den Aufstieg unmöglich machen. Dabei steht aber immer noch offen, ob es nach dem körperlichen Tod nicht doch weitergeht. Für den Fall, dass es weitergeht, werden wir um das angesprochene Problem nicht herumkommen. Es wird uns dann nicht loslassen. Bei Alleingängen haben wir die Mitwelt eher gegen uns als wenn wir versuchen, die Mitwelt in unser Leben miteinzubinden.

Wer sich von der Mitwelt vollkommen abgrenzt, kann nicht fortschreiten und lebt nicht wirklich. Im Gegenteil, er wird eher einem schleichenden Tod entgegensehen. Warum also so lange warten, bis nichts mehr geht, wenn wir unseren schleichenden Fall jetzt schon aufhalten und unserem Leben eine Wende geben können? Ein Versuch ist es doch wert, oder nicht?

Selbst dann, wenn es immer wieder mal Rückschläge gibt, können wir auf Dauer gesehen fortschreiten. Entscheidend für ein allmähliches Fortschreiten ist nicht, dass es immer nur Fortschritte geben muss, sondern dass wir in der Summe mehr Schritte nach vorne als zurück machen. Wohl ist erstrebenswert, möglichst nur Fortschritte zu machen. Der Rückschritt als solcher tut aber keinen Abbruch, weil er unsere Wahl, es wieder mit ein paar Schritten mehr nach vorne zu probieren, nicht wirklich aufhalten kann.

Wenn wir einen solchen Weg gehen wollen, blicken wir **sozusagen** in Richtung des Guten, ohne es wirklich sehen zu müssen. Dies machen wir genauso, wie bei jedem Ziel, das wir anstreben. Dieses ist ja nicht sofort sichtbar, sondern erst dann, wenn wir es erreicht haben. Stellen wir uns gedanklich einfach vor, dass am Ende dieses Zieles nur das Gute vorhanden ist. Am anderen Ende ist nur das Schlechte vorhanden. Dazwischen haben wir sowohl das eine als auch das andere in unterschiedlichem Maße. Und je nachdem, wo wir gerade stehen, überwiegt das eine oder das andere.

Hinweis: *Mit ‚gut' sei etwas zu verstehen, das wir als erstrebenswert erachten oder/und was mit Frieden, mit Freude, mit Harmonie, mit Wohlwollen, mit Erfolg, mit Fortschritt und dgl. zu tun hat. Mit ‚schlecht' sei etwas zu verstehen, das uns missfällt oder/und was mit Unfrieden, mit Disharmonie, mit Ärger, mit Kampf, mit Böswilligkeit, mit Misserfolg, mit Rückschritt und dgl. zu tun hat.*

schlecht **schlecht** Stand- **schlecht** **gut**
schlecht <-----**schlecht**-------*--------- **gut**---------> **gut**
schlecht **gut** punkt **gut** **gut**

Wenn wir den Blick in Richtung des Guten richten, geht auch der Weg, den wir gehen, dahin. Dabei ziehen wir automatisch einen Engelskreis. Im anderen Fall, wenn wir den Blick in Richtung des Schlechten richten, geht der Weg zum Schlechten hin. Dabei ziehen wir einen Teufelskreis. Dies ist sehr elementar und sehr einfach zu verstehen. Ob es das Gute in der Absolutheit gibt oder nicht, tut auch hier keinen Abbruch. Denn solange die Möglichkeit da ist, etwas zum Positiven zu wenden, können wir auch Schritte dazu einleiten. Diese können wir nur dann nicht mehr einleiten, wenn wir tot sind. Doch dann stellt sich die Frage der Zielverfolgung nicht mehr.

Hinweis. *Wenn wir von Schritten in Richtung des Guten sprechen, sind Schritte entwicklungsmäßig nach vorn oder nach oben zu verstehen. Im anderen Fall gehen die Schritte zurück oder nach unten. Wir können uns dabei auch eine Art Entwicklungs-Leiter vorstellen, auf der wir uns befinden und die wir Stufe um Stufe sowohl nach oben als auch nach unten gehen können. Steigen wir nach oben, machen wir entwicklungsmäßig Fortschritte. Im anderen Fall Rückschritte. Wie du siehst, können wir auf lange Sicht gesehen sozusagen auf der Stelle treten, obwohl wir uns abgemüht haben und dabei aus körperlicher Sicht älter geworden sind. Dies ist dann der Fall, wenn wir im Schnitt gleich viele Schritte nach vorn wie zurück machen. Das Altern des Körpers ist demnach nicht notwendigerweise ein Maß für eine Entwicklung.* ***Wir wollen aber an der inneren Entwicklung arbeiten.*** *Den momentanen Standpunkt, wo immer er auch gerade sein mag, können wir als wert-neutral auffassen. Schließlich ist es ja nichts Schlechtes, in der Entwicklung zu stehen. Ferner kann, was dem einen gut ist, dem anderen nicht gut, also schlecht, sein. Oder, was mir gestern gut erschien, kann ich heute als schlecht empfinden; und umgekehrt. Wer also kann wirklich sagen, ob etwas gut oder schlecht ist?*

Aber wir haben dennoch eine Möglichkeit, Kriterien zu finden, um zu sagen, ob es in die eine oder andere Richtung geht. Weil wir uns einander haben, ist jedenfalls die Verbindung im Sinne des Lebens und die Distanzierung entgegen dem Leben. Woran können wir noch erkennen, in welche Richtung es geht? Ganz einfach: **am inneren Frieden**. Wenn wir z.B. gestritten haben und aus der Situation verärgert, gekränkt, verletzt oder mit einem sonstigen unguten Gefühl herausgehen, können wir sicher sein, dass wir keinen inneren Frieden haben. Weil wir aus solchen Situationen meist Schlüsse ziehen, die uns noch mehr der Welt den Rücken kehren lassen, ist die Wahrscheinlichkeit größer, Rückschritte zu machen. Sofern der Streit aber mit einer Versöhnung beendet wird, haben wir zumindest keinen Unfrieden geschaffen. Nach einer ausgesöhnten Situation werden wir eher Schritte auf die Mitwelt hin machen.

Gehen wir allgemein gesagt aus einer Situation heraus, die uns ein gutes Gefühl vermittelt, können wir davon ausgehen, dass wir unserer Mitwelt etwas näher gekommen sind. Im anderen Fall haben wir uns von ihr etwas mehr distanziert. So gesehen bietet unser Weg, wie verschieden er auch aussehen mag, immer nur zwei Möglichkeiten der Richtung. In jeder Situation haben wir die Wahl für das eine oder das andere.

Bedenke also, dass es immer nur der Weg der Gemeinsamkeit ist, der unser Leben ausfüllt und uns glücklich macht. Selbstverständlich kann das Loslassen einer Beziehung, sei es mit einem Menschen, mit einer Idee oder mit einer Sache, uns frei für andere Beziehungen machen, um so der Mitwelt besser näher kommen zu können. In diesem Fall ersetzen wir z.B. eine weniger lebendige Beziehung durch eine lebendigere Beziehung. Oder wir ersetzen z.B. eine Beziehung, die unseren Zielen entgegensteht, durch eine Beziehung, die im Einklang mit unseren Zielen steht. Dabei braucht (und hat) jede Veränderung, die wir im Leben einleiten, eine Alternative.

In gewissem Sinne muss die eine Beziehung sterben, um einer anderen Beziehung Platz zu machen. Dieser Wandlungsprozess findet allgemein auch beim irdischen Leben statt. Das irdische Leben erhält sich dadurch, dass es tötet, um zu leben. Dennoch kann es sich als Ganzes entfalten oder im umgekehrten Fall auch rückentwickeln. Wenn wir die Entwicklungs-Geschichte der Erde vor Augen führen, können wir ganz klar ersehen, dass derzeit das irdische Leben an Vielfalt abnimmt.

Die Frage, wer oder was diesen Artenrückgang zu verantworten hat, findet eine einfache Antwort. Es ist ausgerechnet die höchst entwickelte Seins-Form auf Erden, nämlich der Mensch, die derzeit der Fort-Entwicklung irdischen Lebens maßgeblich entgegenwirkt. Und diese hält sich auch noch für die Krone der Schöpfung. Jedenfalls muss der Mensch irgendetwas nicht verstanden haben. Was der Mensch als Masse offenbar nicht verstanden hat, ist, dass es die Gemeinsamkeit auf allen Ebenen braucht, um das irdische Leben nicht nur aufrechtzuerhalten sondern auch um es entwicklungsfähig zu halten.

Das, was dem Leben entgegensteht, muss nach Möglichkeit aufgegeben werden, und das, was dem Leben dienlich ist, muss forciert werden. Hierzu ist jeder Einzelne aufgerufen. Der Möglichkeiten und Gelegenheiten gibt es viele. Wir müssen die Gelegenheiten nur am Schopfe packen. Dies können wir Schritt für Schritt tun. Wo wir gerade stehen, ob ganz unten, in der Mitte oder ganz oben, ist sich gleich. Um die Veränderung kommen wir nicht umhin. Aber die Richtung liegt in unserer eigenen Hand. Wo willst du hin?

Es gibt viele Gelegenheiten, uns mit der Welt etwas mehr zu verbinden. Denn es gibt genug Menschen, die einsam sind und sich auf einen kleinen Besuch oder auf ein kleines Gespräch freuen. Auch gibt es immer wieder Möglichkeiten, hie und da auszuhelfen, auch wenn es nur ein kleiner Handgriff ist. Wir können jemandem über die Straße helfen, wenn er sich alleine schwertut. Oder wir können jemandem ein Lächeln schenken oder jemanden einfach grüßen, ohne darauf Wert zu legen, ob er jünger oder älter ist. Es braucht nicht immer etwas Großes zu sein. Manchmal hat bereits eine kleine Geste des Zugehens eine große Wirkung. Manchmal hilft es dem anderen schon, wenn wir eine gute Absicht bekunden. Das Kleine in der Summe ergibt auch etwas Großes.

Wenn wir anderen Menschen eine Freude machen, überträgt sich die Freude. So machen wir uns zugleich selber eine Freude. Wir können uns nicht freuen, wenn wir es versäumen, etwas zu tun, was Freude bereitet. Alleine lässt sich schließlich schwer freuen. Zu zweit ist die Freude schon größer und lässt sich zudem viel einfacher bewerkstelligen. **Es heißt ja, dass geteilte Freude doppelte (mehrfache) Freude ist.** Je mehr Menschen sich über etwas freuen, desto größer ist die Freude. Ja, Freude kann zu einer enormen Begeisterung heranwachsen und regelrecht mitreißend sein, was ja in Fußballstadien nicht selten zu beobachten ist. Das Faszinierende daran ist, dass es uns gar nicht schwer fällt, uns mitreißen zu lassen. Es fällt uns sehr viel schwerer, uns allein in eine solche Begeisterung zu versetzen. Ja, es ist ohne das Umfeld fast gar nicht möglich.

Das Begeistert-Sein in der Masse fällt uns deshalb viel leichter, weil alle Beteiligten sozusagen in Resonanz-Schwingung sind, was physikalisch gesehen im Vergleich zu einer isolierten Gefühlswelt ein energetisch günstigerer Seins-Zustand ist. Und ein energetisch günstigerer Seins-Zustand ist auch ein harmonischerer Zustand. Wenn jeder sich in seiner Gefühlswelt versteckt, um Trübsal zu blasen, ist es so, als würde physikalisch gesehen jeder für sich ein eigenes Dissonanz-System aufbauen, was mit einem erhöhten Energieaufwand verbunden ist. Und was mit einem erhöhten Energieaufwand verbunden ist, ist jedenfalls anstrengender. So gesehen macht allein schon aus physikalischen Gründen ein Weg des 'Sich-Verbindens' unser Leben leichter. Dabei ist dieser Effekt nicht nur auf unsere Gefühlswelt beschränkt.

Dass es im Leben viele Bereiche gibt, wo wir dazu beitragen können, dass unser Leben entweder leichter oder schwerer wird, dürfte nicht wegzuleugnen sein. Dennoch ist es nicht notwendig und vielleicht auch nicht möglich, in jedem Moment einen Weg zu finden, der unser Leben erleichtert. Aber wo es möglich ist, ist es angesagt. Um sich dessen bewusster zu machen, können wir uns mal ein wenig Zeit nehmen, um auf einem Notizblatt einen typischen Tag, den wir so erleben, nach solchen Kriterien einzuteilen. Wo können wir etwas verändern, und wo nicht? Dabei können wir uns z.B. auch notieren, wieviel Zeit wir für

Selbstbemitleidung aufbringen und für gedankliche Beschäftigungen mit Dingen, die längst schon vorbei sind und daher nicht mehr zu verändern sind. Diese Zeit dürfte in aller Regel verschwendete Zeit sein, es sei denn, dass wir daraus etwas lernen. Daher sollten wir Vergangenes nicht dazu benutzen, um Trübsal zu blasen, weil dies uns nichts einbringt. Stattdessen können wir diese Zeit anderweitig nutzen.

Nun könnten wir sagen, dass manche Menschen, mit denen wir viel zu tun haben, so sind, wie sie sind, und dass sie quasi uns ein bestimmtes Verhalten aufzwingen, dem wir uns kaum entziehen können. Würden sie uns ihr Verhalten wirklich aufzwingen können, müssten wir quasi selber so sein wie sie und zugleich auch handeln wie sie. Wir wären quasi von ihnen abhängig. Sind wir dies wirklich? ***Haben wir nicht auch die Möglichkeit, auf Druck seitens des anderen keinen Gegendruck auszuüben oder auf die verbale oder körperliche Gewalt des anderen mit Gleichem oder Ähnlichem nicht zu kontern?***

Manchmal werden wir kaum eine andere Wahl haben wollen oder können, als mit Ähnlichem zu kontern, manchmal aber doch. Gerade da, wo es möglich ist, sollten wir es dem anderen nicht gleichtun, es sei denn, dass wir dies selber von Herzen gerne tun wollen. Auf Gutes mit Gutem zu kommen, dürfte im Hinblick auf das eigene Wohlwollen keine Frage sein. Und wenn es möglich ist, auf Schlechtes dennoch mit Gutem zu kommen, auch nicht. Denn dies würde unserem Wohlbefinden sicherlich keinen Abbruch tun.

Was ist, wenn wir <u>immer</u> mit Gleichem kommen und es davon abhängig machen, wie uns der andere ist? Dies wäre nach dem Motto: '*Kommt mir der andere gut, komme ich ihm auch gut; und kommt mir der andere schlecht, komme ich ihm auch schlecht*.' Dann legen wir unser Schicksal in die Hände des anderen und machen uns von ihm quasi abhängig, ohne wirklich davon abhängig zu sein. Ja, dann würden wir ihm regelrecht in den 'Arsch kriechen' und uns dabei sogar verleugnen. Wollen wir dem anderen diesen Gefallen wirklich tun? Wir können wohl denken, dass wir dem anderen in den 'Arsch kriechen', wenn wir auf seinen schlechten Einfluss mit Gutem kontern. Dem ist in der Tat nicht so, weil wir es ihm dann ja nicht gleich machen. Denn dann zeigen wir ihm, dass wir zumindest in diesem Moment ja anders sind als er. In gewisser Weise zeigen wir dann sogar Stärke, weil wir etwas tun, was zumindest in der heutigen Zeit noch außergewöhnlich ist.

Außerdem, was nützt es uns, wenn wir uns vom anderen herabziehen lassen? Ist es nicht so, dass dies uns dann selber schadet? Oder wenn wir uns auf einen Streit einlassen, ist es nicht manchmal auch so, dass wir denken, wie blöd wir doch waren, dass wir uns auf das Niveau des anderen herabgelassen haben? Oder was verlieren wir, wenn wir über die Macken der anderen hinwegsehen, auch wenn wir sie nicht ausstehen können? Ärgern wir uns ständig über die anderen, tun wir etwas, das uns automatisch in einen Zustand der Unzufriedenheit bringt. Und so verlieren wir unseren inneren Frieden.

So gesehen sind wir in Bezug auf unser Wohl in erster Linie von uns selber abhängig und weniger vom anderen, was auch gut so ist. Um dies zu bekräftigen, können wir die Tatsache heranziehen, dass unser Energie-Körpersystem über Selbstheilungskräfte verfügt, die zumindest kleinere Verletzungen auszuheilen vermögen. Bei größeren Verletzungen wird dies nicht ohne weiteres möglich sein, was aber nicht notwendigerweise bedeutet, vom anderen abhängig zu sein. Dies wäre allenfalls dann der Fall, wenn wir aus purem Zufall oder aus einer gewissen Hinterlistigkeit heraus auf jemanden stoßen, der uns eine solche Verletzung zufügt und wir nicht die Möglichkeit des Schutzes in Anspruch nehmen können. Und dann können wir auch nicht sicher sein, ob dieses unverhoffte Aufeinandertreffen nicht auch eine schicksalsbedingte Angelegenheit ist.

Wer hat nicht schon Gefahren-Situationen erlebt, die wie durch ein Wunder glimpflich verlaufen sind und dabei zu sich gesagt: *'Da habe ich aber einen guten Schutzengel gehabt'*. Oder jemand ist krank geworden, hat dadurch ein Flugzeug nicht nehmen können, das später abgestürzt ist. So ist ihm vordergründig etwas Unglückliches passiert, was letztlich sein Glück bedeutet hatte. Oder jemand bekommt einen Job in einer Firma, macht dadurch einen größeren Umzug und ein halbes Jahr später macht die Firma Bankrott. So ist ihm vordergründig etwas Glückliches passiert, das letztlich sein ‚Pech' bedeutete. Es ließen sich viele Beispiele anbringen, die scheinbar Negatives als Gutes entpuppen lassen aber auch scheinbar Gutes als Negatives.

Ferner ist es denkbar und auch möglich, dass es ewiges Leben gibt und wir daher nicht wirklich verletzbar sind. In diesem Fall wäre der Körper so etwas wie ein Symbol und die äußere Welt so etwas wie eine Erfahrungswelt, eine Lehreinheit oder ein Therapiefeld, die uns unter anderem auf einen Missstand hinweist, der vielleicht in uns selber liegt. Dies würde aber nicht heißen, dass der Missstand nicht auch im anderen liegt. Es dürfte sogar eher so sein, dass wir nur deshalb aufeinandertreffen, weil es gewisse Berührungspunkte gibt, die auf ein gewisses Lernthema hindeuten, die sich vom anderen nicht so sehr unterscheidet. Insofern müssen wir uns immer fragen, wenn wir unverständliche Situationen beurteilen, ob wir dann mit unserem Urteil richtig liegen oder nicht. Dass wir viele Dinge nicht verstehen können, dürfte klar sein. Dies heißt aber nicht, dass wir das Leben nicht hinterfragen sollen. Hierzu hat jeder das Recht. Ob uns diese Hinterfragung etwas einbringt, ist eine andere Frage. Um dieser Frage nachzugehen, müssten wir weiter ausholen, was wir an dieser Stelle noch nicht tun.

Wir tun zunächst einfach so, als würde es kein ewiges Leben geben und würde das allgemeine Geschehen keinen schicksalsbedingten Hintergrund haben. Dann bleibt uns zunächst nichts anderes übrig, als uns damit abzufinden, dass wir uns gerade in einer Welt vorfinden, die sich halt so zeigt, wie sie gerade ist. Selbst dann ist es möglich, unser Leben in eine bestimmte Richtung zu lenken. Dabei ist es nicht einmal notwendig, an Gott zu glauben. Es genügt, sich am Gesetz der Energieminimierung zu orientieren, um unser Leben in diejenige Richtung zu lenken, die uns guttut.

Oben kamen wir ja zu dem Ergebnis, dass ein Leben des Gegeneinander und des Egotrips schwerer und anstrengender ist als ein Weg des Füreinander und Miteinanders. Wer den ersteren Weg geht, verletzt das Gesetz der Energieminimierung und geht gegen das Leben an. Das Resultat ist Kampf, Anstrengung und Abgeschlagenheit. Hingegen genügt ein Leben des Füreinander und des Miteinanders dem Energieminimalismus.

Egal, welche Richtung unser Weg haben wird, er führt zu einer Veränderung. Dabei können wir uns die Tatsache zunutze machen, dass die Menschen in hohem Maße Nachäffer sind. Nehme ich den Ellenbogen, sporne ich den anderen an, den Ellenbogen ebenso zu benutzen. Komme ich dem einen gut, tut er sich nicht schwer, auch mir gut zu kommen. Selbstverständlich gibt es Ausnahmen. Doch diese bestätigen die Regel. Wenn wir uns derzeit in einer Gesellschaft befinden, die vorwiegend den Ellenbogen gebraucht, ist dies auf der einen Seite ein Indiz für dieses Nachäffen. Auf der anderen Seite zeugt dies dafür, dass die meisten Menschen die falschen Mittel für ihr Heil wählen. Dabei dürften sich nicht Wenige dessen bewusst sein. Warum tun sie dann nichts dagegen?

Ein entscheidender Grund dürfte sein, dass ein allgemeines Denken vorherrscht, wir würden im Leben besser fahren und würden es im Leben leichter haben, wenn wir mit dem Strom der Allgemeinheit schwimmen. Dass dieses Denken ein Irrtum ist, zeigt die Masse selber auf. Denn es ist eher die breite Masse, die sich im Kampf sieht, unzufrieden ist und den Sündenbock der Misere im anderen sieht. Weil der Kampf von Natur aus ermüdend ist, steht er nicht für die Leichtigkeit des Seins. Und weil die breite Masse den Ellenbogen bevorzugt, entscheidet sie sich nicht gerade für die Leichtigkeit des Seins. Dass wir die Möglichkeit haben, uns sowohl klug als auch unklug zu verhalten, sollte uns allen bewusst sein. Und gemäß dem eben Aufgeführten, dürfte klar genug sein, dass das Mitgehen mit der Masse unser Leben offensichtlich nicht leichter macht, nicht wahr?

Im Übrigen gibt es Menschen, wenngleich diese im Vergleich zur Masse wenige sind, denen fast alles gelingt, was sie anpacken. Warum gelingt es ihnen? Vielleicht haben sie eine andere Einstellung zum Leben und haben das Prinzip des Energieminimalismus verstanden. Jedenfalls fahren sie besser als die breite

Masse. Und gerade deshalb, weil es wenige Menschen sind, die die Leichtigkeit des Seins vorleben, beweisen sie, dass ein Leben ohne Ellenbogen vorteilhafter ist. Wenn dann diese Menschen gefragt werden, was ihr Geheimnis ist, sagen sie vielleicht, dass sie nichts anderes tun, als ihr Leben nach dem Win-Win-Prinzip (gegenseitiger Gewinn) ausrichten. Es sind jedenfalls keine Nörgler, keine Pessimisten oder solche, die sich ständig bemitleiden.

Selbst Menschen, die sich von unten nach oben hochkatapultiert haben und erfolgreiche Menschen geworden sind, haben sicherlich auch Rückschritte erlebt. Was sie aber nicht gemacht haben, ist, dass sie nach einem Rückschritt resigniert und aufgegeben haben. Sie haben ihr Ziel, nämlich den Lebenserfolg, nicht aus den Augen verloren. Und weil sie mehr Schritte nach vorn gemacht haben als zurück, haben sie ihr Ziel letztendlich erreicht.

Der Erfolgreiche fängt da an, wo der Erfolglose aufhört.
Prof. Kurt Tepperwein

Sicherlich gibt es Vorkommnisse aus der Vergangenheit, die uns negativ geprägt haben. Aber es gibt auch welche, die uns positiv geprägt haben. In gewisser Weise hat jeder Mensch eine Vorgeschichte, die sowohl negative als auch positive Elemente aufweist. Doch wenn wir unser Leben zum Positiven verändern wollen - und das können wir, wenn wir nicht gerade geistig verwirrt sind -, können wir dies dadurch tun, dass wir an dem Positiven aufbauen. Das Negative versuchen wir möglichst hinter uns zu lassen. Das Geschehen der Vergangenheit ist offensichtlich vorbei. Und das, was nicht mehr vorhanden ist, kann keinen Einfluss ausüben. Wie also könnte die Vergangenheit noch einen Einfluss auf uns, die wir in der Gegenwart leben, ausüben? Zunächst ist das, was geschehen ist, vorbei.

Wenn wir vergangene Dinge, ob negative oder positive, gedanklich aufgreifen, machen wir sie in der Gegenwart lebendig. Dann erst haben sie auf uns einen Einfluss. Wenn wir also wollen, dass das Negative aus der Vergangenheit keinen Einfluss auf die Gegenwart ausübt, lassen wir sie einfach ruhen.

Stattdessen können wir uns auf das Positive konzentrieren. **Diese Möglichkeit haben wir oder nicht?**

Gerade in Erfolgslehrgängen wird u.a. daran gearbeitet, positive Gefühle aus früheren Erlebnissen in Erinnerung zu rufen, um daraus Kraft zu schöpfen. Es sind Gefühle aus Erlebnissen, bei denen wir entweder einen großen Erfolg zu verbuchen hatten, bei denen wir vielleicht eine Glückssträhne hatten, oder die uns einfach nur guttaten. Wenn wir in der Umkehrung negative Gefühle aus früheren Erlebnissen gezielt in Erinnerung rufen, werden wir mit Schwermut ans Tageswerk gehen. Wir haben wirklich in jedem Moment die Wahl, entweder Kraft zu schöpfen oder unsere Kraft verpuffen zu lassen. Es ist allein unsere Einstellung, die entscheidend ist.

Selbst dann, wenn ich einmal eine größere Verletzung erfahren habe, die nicht ausgeheilt werden kann, stehe ich ab dem Zeitpunkt der Verletzung wieder vor der Wahl, ob ich den Zustand einfach als gegeben annehme, oder ob ich in die Gewalt- oder Selbstmitleid- oder Hassspirale verfallen will. Wir wissen, dass Gegengewalt auf Gewalt die Gewalt nicht mindern kann, sondern dass sie diese eher verstärkt. Lasse ich die Gewaltspirale mitdrehen, stehe ich im Kampf und gehen ein erhöhtes Risiko ein, erneut verletzt zu werden. Aber ich habe auch eine andere Wahl. Wie gesagt, sind die anderen Nachäffer. So, wie ich dem anderen komme, kommt der andere mir in der Regel auch. Wie also will ich, dass der andere zu mir ist?

Wenn ich mich mit meinem Gegenüber nicht anfreunden kann oder will, kann ich ihn zumindest in Ruhe lassen, indem ich ihn z.B. nicht weiter provoziere. Ich kann ihm z.B. zu verstehen geben, dass ich mit ihm keinen Streit will, dass ich mich mit ihm nicht anlegen will, dass ich ihm nichts Böses will und dass ich friedlich gesinnt bin. Dann dürfte er es zumindest schwerer haben, mir gegenüber feindlich gesinnt zu sein.

Manchmal haben wir den Eindruck, dass die Chemie mit dem anderen nicht stimmt und dass es daher unmöglich ist, uns mit ihm zu arrangieren. Ist dem wirklich so? Steht nicht jeder in einer gewissen Entwicklung und verändert daher nicht jeder auch mit der Zeit seine Einstellung zur Mitwelt? Schließlich kann sich jeder nach einschneidenden Erlebnissen vollkommen verändern, sei es in die Richtung zum Negativen oder zum Positiven hin. Auch kann ich dem anderen beweisen, dass ich anders bin, als er denkt, dass ich sei. Zeige ich ihm dies, muss dies automatisch seine Meinung über mich ändern. Sind wir aber beide zu stur und zu stolz, um aufeinander zuzugehen, wird sich nichts ändern können. Dann werden wir verbal oder auch nur über die Körpersprache einander vermitteln, dass wir miteinander nichts zu tun haben wollen. Insbesondere spiegelt unsere Körpersprache im höchsten Maße wider, welche Einstellung wir gegenüber dem anderen haben. Wollen wir, dass der andere uns respektiert, müssen wir auch ihn respektieren. Und dies können wir nur, wenn wir unsere Einstellung zu ihm verändern. Im anderen Fall werden wir ihm mit unserer Körpersprache (bewusst oder unbewusst) vermitteln, dass wir einander Gegner sind. Signalisiere ich dem anderen aber mein Wohlwollen, wird er dies in irgendeiner Form auch vernehmen.

Unsere Körpersprache kann den anderen provozieren und angreifen, ohne dass eine verbale Äußerung stattgefunden hat. Und wenn wir unsere Einstellung zu ihm nicht ändern, können wir nicht erwarten, dass der andere seine Einstellung zu uns ändert. Dann geben wir ihm ja keinen wirklichen Anlass dazu, oder? Stattdessen fühlt sich der andere bestätigt und sieht daher keinen Grund, sich anders zu verhalten, als er es bisher getan hat. Wenn der andere die Klugheit, dass ein Miteinander und Füreinander für alle Beteiligten von Nutzen ist, nicht besitzt, heißt dies noch lange nicht, dass wir uns auch unklug verhalten sollen. Der Klügere gibt nicht nur nach, sondern zeigt Stärke durch Vergebung, Nachsicht und Barmherzigkeit und verdient darüber hinaus Respekt. Und wer lechzt nicht nach Respekt?

Dränge ich einer bestimmten Person immer wieder seine Vergangenheit auf, projiziere ich sein Verhalten auf die Gegenwart. Dann ist dies wie eine Zielvorgabe, die Energie dafür freisetzt, damit sich dies bestätigen bzw. wiederholen kann. Stoße ich sodann mit der Person zusammen, werde ich selber mittels meiner Haltung, sei es in Form meiner Körpersprache oder durch mein Getue, den anderen dazu bewegen, sein Verhalten zu wiederholen. Dann kann ich mit hoher Wahrscheinlichkeit davon ausgehen, dass der andere fast nicht mehr anders kann und will, als so zu reagieren, wie immer. Zu sagen, dass der andere mit mir nicht anders kann als wie gewohnt, entbehrt jeglicher Beweiskraft. Denn wenn ich auf den anderen keinen Schritt zugehe, kann ich nicht wissen, ob er nicht auch einen Schritt auf mich zugeht. Bevor ich nichts unternommen habe, um dies in Erfahrung zu bringen, kann ich nicht beweisen, dass der andere sich nicht ändern kann.

Auch die Tatsache, dass wir dem einen anders sind als dem anderen, ist eher ein Beweis dafür, dass wir uns unterschiedlich verhalten können. Und wenn jemand mir gegenüber ein spezielles Verhalten an den Tag legt, hat dies nicht immer mit mir zu tun. Es kann durchaus sein, dass ich den anderen an jemanden erinnere, der ihm etwas Negatives oder auch etwas Positiven zugeführt hat. Diese Erinnerung kann durch eine bestimmte Kleidung, durch einen bestimmten Gesichtsausdruck oder durch eine andere Eigenart an mir ausgelöst worden sein. Dieser Eindruck lässt mich beim anderen zunächst in eine bestimmte Schublade stecken, ob mit guter oder schlechter Aufschrift. Dasselbe kann auch umgekehrt sein. Und aus dieser Schublade kann ich nur herauskommen, wenn ich mich so gebe, wie ich mich vom Innersten hergeben will. Sofern ich beim anderen in der Schublade 'zuvorkommend, liebenswürdig und dgl.' bin, werde ich einen Teufel tun, um daraus herauszukommen.

Ob ich nun den anderen ändern kann oder nicht, sollte eine untergeordnete Rolle spielen. Hauptsache, wir geben uns so, wie wir uns vom Innersten geben wollen. Ansonsten würden wir uns verleugnen und müssten uns schwertun, ins eigene Gesicht zu schauen. Dabei dürfte das Schlimmste sein, wenn wir uns selber auf ein Niveau begeben würden, das Menschen unwürdig ist, nur weil der andere niedrige Beweggründe hegt.

Was nützt es uns, wenn wir auf Dauer einen unversöhnlichen Weg weitergehen? Ein Zustand des Hasses, des Ärgers, der Disharmonie und des Unfriedens ist auf Dauer zermürbend und selbstzerstörerisch. Selbst dann, wenn unsere Wege auseinander gehen, ohne dass innere Versöhnung stattgefunden hat, werden wir im Herzen dieses Gefühl weitertragen. Selbstverständlich ist auch unser eigenes Körpersystem ein Resonanz-Dissonanz-System, das Energie braucht. Wohl können wir dem Körper mittels Nahrung Energie zuführen, sodass es beim groben Hinsehen egal sein dürfte, ob ich gerade in schlechter oder guter Stimmung bin. Ist dies wirklich egal? Unsere Stimmung hat auf unser Körpersystem einen entscheidenden Einfluss. Und diese entscheidet, ob wir unsere Kräfte verpuffen lassen oder ob wir sie so einsetzen können, dass wir leicht regenerieren können.

Wenn wir uns müde und abgeschlagen fühlen, liegt dies in aller Regel daran, dass wir gehemmt sind, im Lebensstrom - nicht zu verwechseln mit dem Strom der Allgemeinheit - zu schwimmen, dass wir uns selber ständig verleugnen, dass wir uns auf Kämpfe und Konflikte einlassen oder/und dass wir einen unversöhnlichen Weg gehen. Dafür verantwortlich ist allein unsere Einstellung zum Leben. **Die Einstellung können wir ändern.** Ändern wir diese, werden wir dem Kampf aus dem Wege gehen und werden Dinge tun, die uns anspornen, die uns aber nicht hemmen. Dabei spielt das Alter keine Rolle. Dieses ist nämlich kein wirklicher Grund, eine Änderung in unserem Leben einzuleiten. Nur der Tod des Körpers würde diese Änderung, sofern es kein Leben danach geben würde, zunichtemachen.

Oft machen wir, wenn wir an uns so wenig Freude feststellen, die ja so böse Welt verantwortlich. Dabei haben wir viele Gelegenheiten, die nicht abzustreiten sind, versäumt, aktiv an der Mehrung der Freude beizutragen. Ist also eine solche Verurteilung über die Welt nicht zu voreilig oder zu plump? Ich denke, dass wir erst dann das Recht haben, die Welt als schlecht abzustempeln, wenn wir alle Gelegenheiten voll und ganz ausgeschöpft haben. Erst dann, wenn wir nach diesen Versuchen keine spürbare Besserung in unserem Leben erzielt haben und wir immer noch ohne Freude und ohne Glück dastehen, haben wir das Recht zu sagen, dass die Welt schlecht ist.

Mit dieser Überlegung wird uns aber schnell deutlich, dass es soweit gar nicht kommen kann. Schließlich erschöpfen sich solche Gelegenheiten erst recht nicht, wenn sich die Welt verschlechtert. Denn dann sind die Sehnsüchte nach Frieden und nach einem Füreinander umso größer. Gerade in einer solch dunklen Zeit, wie diese, gibt es sehr viele Menschen, die sehnsüchtig auf eine freundschaftliche Geste warten oder die sich wünschen, vom anderen etwas Schönes zu hören. Warum sollen wir ihnen diesen Wunsch nicht erfüllen, wenn wir dies ohnehin auf einfache Weise tun können? Jedenfalls kann niemand sagen, dass er die Möglichkeit oder die Zeit nicht hätte, dies tun zu können. **So also kann die Welt nie so schlecht sein, um nicht etwas Gutes daraus machen zu können.** Es scheint eher so zu sein, dass die Verurteilung der Welt ein Mittel der Verhinderung ist, um selber nicht die eigenen Zügel in die Hand nehmen zu müssen.

Weil wir immer ein Teil der Welt sind, ist jedes Urteil über die Welt immer auch ein Urteil über uns selbst. Anstatt zu sagen, dass die Welt schlecht sei, könnten wir auch sagen, dass die Welt mich braucht, um besser zu werden. Die Möglichkeit ist da. Sie wartet auf uns, damit wir die Gelegenheit am Schopfe packen. Haben wir dies gemacht, ist sie schon ein wenig besser geworden. So also muss das Urteil schon etwas zum Guten hin relativiert werden. Müssen wir daher nicht sagen, dass die Welt nur so gut oder so schlecht ist, wie wir glauben wollen, dass sie sei?

Selbst dann, wenn jemand anders das schlecht macht, was ich gut mache, ist es kein Grund, das Liebevolle zu unterlassen. Denn wer das Liebevolle nicht unterlässt, hat keinen Grund, sich Vorwürfe zu machen, er hätte es nicht wenigstens probiert. Nur derjenige, der nichts zum Guten unternommen hat, wird sich Vorwürfe machen können, wenn er nicht gerade so abgestumpft ist, dass er sich dessen nicht bewusst ist. Und solange es Menschen gibt, die sehnsüchtig auf unser Entgegenkommen warten, wartet auch unser Glück auf uns. Denn wenn wir unser Leben mit dem anderen teilen, haben wir Gründe, um Freude zu mehren, oder, wenn es gerade schwer ist, sich zu freuen, um wenigstens das Leid zu teilen. Zu zweit oder zu mehreren können wir das Leid viel besser aushalten als allein. Daher sind wir allein schon in unserem eigenen Interesse aufgefordert, die Welt zum Besseren zu führen.

Schon allein deshalb, um das Schlechte in der Welt überhaupt ertragen zu können, müssen wir uns mit dem anderen verbinden. Ein Strohhalm, der einsam dasteht, wird im Sturm viel eher umknicken, als wenn er von vielen Strohhalmen umgeben ist. Die Strohhalme eines Getreidefeldes bieten sich gegenseitig Windschutz. Wenn wir unseren Weg alleine gehen wollen, stehen wir in dieser Welt da wie ein solcher Einzel-Strohhalm. Gehen wir aber einen Weg des Miteinanders und Füreinander, sind wir so, wie der Teil eines Getreidefeldes. Der Sturm kann uns dann nicht so schnell umwerfen. In der Gemeinsamkeit fühlen wir uns nicht nur geborgen, sondern auch stark.

Wenn wir eine bessere Welt haben wollen, sind wir selber aufgefordert, an der Weltverbesserung mitzuwirken, auch wenn dies nur in unserem kleinen Umfeld ist. Dabei muss dies nicht gleich das Große sein. Schließlich verlangt niemand von uns, etwas zu tun, was wir nicht können oder was uns in ein großes Loch bringen würde, aus dem wir nicht mehr ohne weiteres herauskommen können. Beginnen wir daher in der nächsten Umgebung: zu Hause, beim Nachbarn, auf der Arbeit, in der Schule, auf der Straße. Es genügt, wenn wir nicht mehr tun wollen, als was im Bereich unserer Fähigkeiten liegt. Damit schaffen wir im aktiven Sinn eine bessere Welt. Und nur so können wir die Welt zu unseren Gunsten ändern.

Wer glücklich sein will, hat die Pflicht, etwas zu tun, das glücklich macht. Der andere kann unser Glück bedeuten. Er bedeutet unser Glück, wenn wir auf ihn zugehen. Insbesondere dann, wenn jemand darauf wartet, das Glück mit uns teilen zu können, wartet auch das Glück auf uns. Weil niemand allein glücklich sein kann, hat jeder die Pflicht, so er Glück haben will, sein Glück mit anderen zu suchen und zu teilen. Es geht halt nichts ohne den anderen.

Wer sich nicht freut, zieht andere, wenn vielleicht auch ungewollt herunter. Dabei möchte ich niemandem unterstellen, dass er sich nicht lieber freuen würde, als

Trübsal zu blasen. So haben wir, wenn wir uns schon nicht freuen können, wenigstens die Pflicht, ein Leid so zu beklagen, dass der andere es mit uns teilen kann und dass in gleicher Weise ein Lösungsweg aus dem Leid heraus gesucht wird. An dieser Stelle ist zu sagen, dass wir im Sinne von Änderungen immer Alternativen brauchen. Die Alternative muss das Vorhergehende ersetzen. Ansonsten entsteht eine Lücke, die vom Ähnlichen ausgefüllt wird. So muss z.B. ein unliebsamer Gedanke durch einen liebevollen Gedanken ersetzt werden, um eine Änderung unseres Gemütszustandes zum Guten hin zu bewerkstelligen.

Was leer ist, muss ausgefüllt werden.

Damit Not nicht Not bleibt, müssen wir etwas zum Positiven hin tun. Not ist nicht da, um Not zu bleiben und auch nicht, um verstärkt zu werden. Sie ist da, um gemindert zu werden. So sind wir immer aufgefordert, an der Änderung aktiv beizutragen. Von alleine kann sich unsere Not kaum ändern.

Wenn das Leid geteilt wird, ist es halb so groß. Ein Leid zu teilen, ist nicht schwer. So auch ist es nicht viel verlangt, wenn wir uns des Problems des anderen annehmen und mit ihm zunächst das Leid teilen. Wenn im Folgenden dann auch wirklich Lösungswege mit den richtigen Mitteln angegangen werden, wird das geminderte Leid sogar in Freude umgewandelt werden können.

Hinweis. *Zum Thema „mitleiden“ oder „Mitgefühl“ sollte gesagt sein, dass wir vorsichtig sein müssen, um nicht selbst in die Spirale des Mitleids zu geraten. Dies kann passieren, wenn niemand nach einem Ausweg sucht. Ein Ausweg oder eine Lösung sollten immer gesucht werden. Und diejenigen, die selbst keine Schmerzen oder Konflikte haben, können der anderen Person, die gerade leidet, am besten helfen, wenn sie ihr Mitgefühl ausdrücken und gleichzeitig mit dieser Person nach Lösungen suchen, vorausgesetzt, die Bereitschaft ist da. Ansonsten reicht es aus, einfach bei unserem Mitgefühl zu bleiben, im Glauben, dass der andere seinen Weg aus dem Problem herausfinden kann.*

Dem anderen können wir nicht direkt helfen, wenn es ein Problem ist, das nicht direkt mit uns zu tun hat. Hierbei können wir nur Hinweise zu möglichen Lösungen geben. Was der andere daraus macht, ist seine freie Entscheidung. Wenn der andere mit unseren Hinweisen nichts anfangen kann, liegt dies u.U. daran, dass wir selber das Leben nicht meistern können.

Jedenfalls können wir solche Probleme viel besser angehen, die wir gemeinsam haben. Gerade diese müssen vorrangig gelöst werden. Wir beginnen mit dem direkten Umfeld, also im Kleinen. Wenn wir im Kleinen Treue bewiesen haben, können wir auch im Großen treu sein. So ist die Übung im Kleinen eine Übung für das Große. Solange wir im Kleinen nicht treu sind, können wir im Großen nicht treu sein. Und erst dann, wenn wir es geschafft haben, im Kleinen treu zu sein, können wir sicher sein, dass wir beim Großen nicht zu hochmütig werden. Dann können wir auch sicher sein, dass wir nicht mehr fallen. Schließlich lässt sich immer wieder feststellen, dass der Hochmut vor dem Fall kommt. So gesehen können wir uns u.U. sogar glücklich schätzen, wenn wir es momentan mit dem Großen nicht zu tun haben. Solange wir unsicher sind, ist das Risiko, dass etwas nicht gelingt, im Großen nicht anders als im Kleinen. In der Auswirkung gibt es aber enorme Unterschiede.

Wenn uns Probleme groß und sehr komplex erscheinen, wollen sie uns vielleicht nur sagen, dass wir auf der Leiter der Erkenntnis noch etwas weiter unten stehen, was aber nie heißt, dass wir diese nicht Stufe um Stufe hochklettern können. Um dies zu tun, müssen wir die Probleme Schritt für Schritt angehen. Es macht wenig Sinn, sie auf einmal lösen zu wollen. Warum nicht also da beginnen, wo es am einfachsten ist? Viele kleine Schritte ergeben auch einen großen Schritt. Denn ein steter Tropfen höhlt den Stein.

Nun bietet jede Situation die Möglichkeit, entweder einen Grund zur Mehrung der Freude oder, wenn uns gerade nicht nach Freude zumute ist, wenigstens einen Grund zum Mindern des Leids zu finden. Wer sucht, der findet. In diesem Fall tun wir etwas, um Frieden zu bewahren. Im Frieden können wir intuitiv viel eher das Richtige zur richtigen Zeit am richtigen Ort machen, als im Unfrieden.

Wir können auch in jeder Situation einen Grund finden, der Ärger, Zorn, Hass, Streit, Kränkung, Verletzung, Angst und Isolation mit sich bringt. Auch hier gilt: *'Wer sucht, der findet'*. Doch können wir sicher sein, dass wir mit dieser Methode das Problem nicht lösen können, weil wir stattdessen neue Probleme heraufbeschwören. Jedenfalls tun wir in diesem Fall etwas, das Unfrieden schafft. Im Unfrieden ist die Gefahr, Fehler zu machen, größer als im Frieden. Fehler werfen uns zurück. Wir verschwenden Zeit, die uns an anderer Stelle fehlt und haben noch weniger Zeit als vorher. Dies ist ein Teufelskreis, der sich aufschaukelt.

Im Übrigen ist es keine große Leistung, wenn wir immer nur darauf warten, dass der andere den ersten Schritt macht, wenn es darum geht, einander näher zu kommen. Wer etwas von sich hält und einen verantwortungsvollen Weg gehen will, macht es umgekehrt. Er nimmt die eigenen Zügel in die Hand und schreitet voraus. Weil er es wagt, aus sich herauszugehen, lernt er viel mehr, als wenn er sich in seinen Problemen versteckt. Im anderen Fall, wenn er immer nur über die anderen herzieht und sich selber nicht in den Hintern tritt, lernt er nicht und kann auch nicht selbständig werden. Sein Verantwortungsbereich ist dann auf seine eigenen vier Wände beschränkt. Unser Verantwortungsbereich ist aber grenzenlos. Schließlich beeinflussen wir die gesamte Mitwelt mit unseren Gedanken und mit unserem Tun.

Wer schon alles zu wissen glaubt
und unbelehrbar an seinem Konzept der Selbstkreuzigung festhält,
bleibt ein Kind, das auf der Stelle tritt.
Wie könnte er dann selber ein guter Ratgeber für andere sein?

Die eigene Schwäche zuzugestehen, ist keine Heuchelei. Wer diese zugibt, weiß, dass Stärke in ihm ist und dass er diese eben noch nicht hat entfalten können. So ist auch die Wahrscheinlichkeit größer, dass er die wirkliche Stärke anstrebt. Und weil er dann eher auf sie als Ziel blickt, macht er Schritte zu ihr hin. Wer Schwäche überspielt, tut so, als ob er stark sei. Je mehr und öfter er dies tut, desto eher glaubt er daran, stark zu sein. Er leugnet dann seine

Schwäche. Wer diese leugnet, kann nicht auf die Stärke blicken. So tut er nichts, um stark zu werden.

Härte hat im Übrigen nichts mit wirklicher Stärke zu tun. Dies zeigt das Kräfte-Wechselspiel zwischen dem Harten und dem Weichen in der Natur. Das Weiche ist langfristig gesehen stärker als das Harte. Im täglichen Leben sieht es so aus, als müssten wir unbedingt die Ellenbogen benützen, als müssten wir kämpfen und uns verteidigen, um uns behaupten zu können. Wir wollen das Harte mit Gleichem - also ebenso mit Hartem - bekämpfen. Doch immer wieder stellt sich heraus, dass diese Mittel zu einem Teufelskreis führen, der kein Ende hat.

Die Natur lehrt uns eine andere Weisheit. ***Das weiche Wasser besiegt das Harte.*** Es 'wehrt' sich dadurch, dass es sich dem Harten anschmiegt, es umfasst und umzingelt. Das Wasser hält sich selbst nicht wirklich zurück. Denn es steht mit allem in Konfrontation. Gegebenenfalls lässt es sich auch zurückdrängen. Aber dennoch bleibt es auf Tuchfühlung und lässt nicht locker. Sobald das Wasser an eine Lücke, an eine Ritze oder an eine brüchige Stelle kommt, beginnt es, sich dort allmählich seinen Weg frei zu bahnen. Es durchlöchert das Harte, macht es gegebenenfalls löslich, um es abzutragen und mitzuführen.

Das Wasser sammelt sich, wo es nur geht. Dahingehend ist es unendlich geduldig. Es kann sich sammeln und solange warten, bis es zu einem reißenden Fluss wird, um mit vereinten Kräften alles, was sich ihm in den Weg stellt, mitreißen zu können. Auch hier ist es flexibel. Denn, was es mitreißen kann, reißt es mit. Das andere, was sich ihm noch in den Weg stellt, weil es ihm noch einen gewissen Widerstand entgegenhalten kann, bearbeitet das Wasser so lange, bis auch dieses seinem Druck nicht mehr widerstehen kann. Dadurch, dass das Wasser so flexibel und so vielfältig ist, kann es das Harte mit einem verblüffend minimalen Energieaufwand besiegen. ***Das Wasser steht mit sanftem aber beständigem Druck in Konfrontation mit dem Harten.***

Wenn wir das Harte mit Hartem bearbeiten, deformieren sich beide Materialien mit der Zeit, werden weich, brüchig oder stumpfen ab. Sie verlieren während ihrer Benutzung ihre ursprünglichen Eigenschaften oder nutzen ab. Um den Ursprungszustand zurückerstattet zu bekommen, müssen sie mit relativ hohem Energieaufwand wieder aufgearbeitet werden. Ohne Aufarbeitung verliert das Harte am Ende seine Funktion vollständig. Es wird unbrauchbar.

Die Natur macht uns vor, wie das Weiche das Harte besiegt. Daran können wir uns orientieren. Wir müssen dieses Phänomen nur richtig zu deuten verstehen, damit wir es auch im täglichen Leben umsetzen können. Nennen wir hierzu ein paar Stichworte:

- Weg des geringsten Widerstandes (dies heißt nicht, nichts zu tun und auch nicht, alles hinzuschmeißen, weil wir ja selber ein Teil des Lebensflusses sind).
- Reife der Zeit (das Richtige zur richtigen Zeit am richtigen Ort denken, sagen oder tun: Manchmal ist Schweigen angesagt, manchmal Reden. Heute kann es mit einer bestimmten Wahrheit ungünstig sein, morgen günstig).
- Sammlung der äußeren Kräfte durch Verbindung (nur gemeinsam sind wir stark: Versuchen, die Mitwelt auf unsere Seite zu bringen. Lieber eine Schlichter- oder Vermittlerposition einnehmen als parteiisch sein).
- Sammlung der inneren Kräfte durch das Finden der inneren Ruhe (die Kraft liegt in der Stille).
- mit Energie haushalten (keine zu starken Überanstrengungen, auf genügende Erholung und auf angemessene Regenerationsphasen des Körpers achten, keine doppelte Arbeit machen, nicht mit dem Kopf durch die Wand rennen wollen, gewisse Dinge auch mal abgeben).
- Verhältnismäßigkeit (richtiges Mittel: bildlich gesprochen nicht mit der Motorsäge eine Butter schneiden und auch nicht mit dem Küchenmesser einen Baum sägen wollen).
- Mittel und Weg in Einklang mit dem Ziel bringen (optimale Kräfteverteilung).
- Anpassung, Flexibilität, Sanftmut, Beständigkeit, Geduld.

Das Weiche besiegt das Harte.

Das Harte und Starre sind dem Tod sehr viel näher, als das Weiche. Das heranreifende Kind, das noch weiche Knochen hat, ist flexibel und lernfähig. Ein Kind kann sich dem äußeren Einfluss sehr viel mehr beugen als ein Erwachsener. Es ist spontaner, ehrlicher und verzeiht auch eher. Der Ärger ist bei ihm viel schneller vorbei. Wenn wir uns zu sehr ärgern und uns in das Problem hineinsteigern, zerbrechen wir an unserem eigenen Problemsumpf.

Der Erwachsene, der dem Tod schon etwas nähergekommen ist, ist steifer, gebrechlicher und sturer. Älteren Menschen fällt es in der Regel schwerer, von ihrer Meinung abzurücken, als jüngeren Menschen. Sie sind nicht mehr so arg flexibel, sei es körperlicherseits oder auch in Bezug auf die Anpassung an die sich ständig ändernden Lebensumstände. Die Erwachsenen stehen also nicht nur dem körperlichen Tod viel näher als die Kinder, sondern haben im Verlauf der Jahre etwas mehr an Lebens-Qualität eingebüßt. Es fehlt ihnen viel mehr an Lebendigkeit, als es bei Kindern der Fall ist. Qualitäts-Einbuße in Bezug auf das Leben ist so etwas wie ein inneres Sterben.

Ältere Menschen können weniger auf andere zugehen als Kinder, weshalb sie in der Regel auch ein isolierteres Leben führen als Kinder. Die Kinder zerbrechen sich nicht so sehr den Kopf, ob ihnen dieser oder jener Kontakt nützlich ist. Erwachsene viel eher. Dies hindert sie deshalb viel eher, auf den anderen zuzugehen. Je mehr sie sich von den anderen distanzieren, desto eher isolieren sie sich selber. Isolation ist sehr eng mit Beziehungslosigkeit verknüpft. Und Beziehungen ohne Beteiligung des anderen sind tote Beziehungen. Sie ziehen uns mehr zum Tod hin als zum Leben.

Sturheit, Steifheit, Starrheit, Härte, Isolation und dgl. sind tödlich, weil sie gegen das Leben sind. Sie sind Elemente eines schleichenden Selbstmords. Wer dem Einfluss des Lebens und dem Lauf der Dinge entgegenhält, kommt um und stirbt. Selbst im Leben ist er wie ein Toter.

Wer wie eine Maschine funktioniert, lebt wie eine lebendige Leiche. Dessen Leben ist dumpf, grau, lieblos, lustlos, angstvoll, jämmerlich und erbärmlich. Jeder Tag ist fast so wie der andere. War der Tag gestern grau, ist er heute auch nicht viel anders. Im Gegenteil, die Farben des Alltags verblassen sogar mit der Zeit immer mehr, wenn wir das Leben nicht geschmackvoll, liebevoll, zart, sanft und weich machen. Hierzu ist es notwendig, ein Mitgefühl zur Mitwelt und zu sich selbst zu entwickeln. Tun wir uns doch selber den Gefallen, unser versteinertes Herz mit Liebe anreichern zu lassen! Es wird uns guttun.

Wer sich gegen das Leben entscheidet, muss Angst haben, dass er irgendwann ausgedient hat, weil er ausgelaugt, gebrechlich, erkrankt, erstarrt und unflexibel geworden ist. Am Ende zählt er zum alten Eisen, weil er zu nichts mehr zu gebrauchen ist. Dann ist er nicht mehr in der Lage, sich irgendjemandem nützlich zu machen. Stattdessen wird er anderen zur Last fallen, weshalb er sich selber nicht mehr ausstehen kann. Er isoliert sich noch mehr, weshalb er sich noch viel mehr dem Tod nähert als dem Leben.

Der Mensch, wenn er ins Leben tritt, ist weich und schwach,
und wenn er stirbt, so ist er hart und stark.
Die Pflanzen, wenn sie ins Leben treten, sind weich und zart,
und wenn sie sterben, sind sie dürr und starr.
Darum sind die Harten und Starken Gesellen des Todes,
die Weichen und Schwachen Gesellen des Lebens.

Lao Tse (Tao-Te-King)

Wir müssen lernen, weich wie das Wasser zu werden. Ein erwachsener Mensch, der flexibel, weich und sanft zu sich selbst wie auch zu seiner Mitwelt ist, lebt sein Leben auf lebenswerte Art und Weise. Er kann bis ins hohe Alter wie ein Jugendlicher sein. Sein Leben ist ausgefüllter, friedvoller, gesünder und glücklicher. Kommt ein solcher Mensch mit der Mitwelt nicht viel besser klar? Und, weiß dieser nicht besser um den gegenseitigen Profit, den das Leben bietet?

Miteinander statt gegeneinander.

Es liegt in der Natur der Sache, dass der andere uns eher entgegenkommt, wenn er weiß, dass ich mein Leben mit ihm teilen und dass ich einen guten Umgang mit ihm pflegen will. So wird jeder Versuch, den anderen in unser Leben einzubinden, jedenfalls mit weniger Energieaufwand verbunden sein, als wenn wir uns von ihm distanzieren wollen. Dass dem so ist, zeigt unsere Erfahrung.

Wenn wir z.B. mit dem anderen streiten, haben wir viel Energie aufgebracht, haben Kränkung und Verletzung verursacht und sind doch keinen Schritt vorangekommen. Wir sind erst dann einen Schritt vorangekommen, wenn wir uns versöhnt haben. Hätten wir uns aber nicht gestritten, gekränkt und verletzt, hätten wir viel schneller und viel leichter zum selben Ergebnis kommen können. Und, ob alle Versöhnungen wirklich alles vergessen lassen, ist fraglich. Dies zeigt sich immer dann, ob in einem der nächsten Konflikte eine bestimmte Vergangenheit nicht doch wieder angerechnet wird.

Ebenso ist es viel leichter, eine Diskussion zu führen, wenn wir uns auf den anderen einlassen und ihn zu Wort kommen lassen, damit er in Ruhe auch einmal seine Position darstellen kann. Dann hat er das Gefühl, ernst genommen zu werden. Ferner wird er auf natürliche Weise Ideen vorbringen, die wir für uns verwerten können. Er kann in gleicher Weise auch unsere Ideen verwerten. Der gegenseitige Profit ist dann am größten, wenn wir den anderen an unserem Leben aktiv teilnehmen lassen und wenn wir friedvoll und respektvoll miteinander umgehen. Hierzu ist sehr viel weniger Energie vonnöten als durch Bevormundung, Besserwisserei, Streit, Ärger und Hochmut.

Es wird sogar Energie frei, wenn wir vom Alleingang wegkommen und stattdessen hin zur Gemeinsamkeit gehen. Finden wir gemeinsame Dinge, haben wir einen Grund zur Freude. Freude kann ansteckend sein und sich aufschaukeln. Sie gibt uns Kraft. Diese Kraft ist so groß, dass sie auch Heilung am Körper bewirken kann. Hinzu kommt, dass der andere uns weniger im Wege stehen will, weil er weiß, dass er auch von unseren Aktionen profitiert. Im

Gegenteil, er lässt uns mehr machen als zuvor. So können wir unseren Aktionsradius sogar noch erweitern.

Gemeinsame Ziele lassen sich einfacher erreichen als Einzelziele.

Schließlich haben wir uns, ob wir es wollen oder nicht. Und weil wir uns haben, ist es doch vernünftiger, einen Weg zu suchen, der nicht nur mir sondern auch dem anderen dienlich ist. Denn, wie könnte er mir dann im Wege stehen wollen? Wird er mir nicht sogar entgegenkommen wollen, wenn er weiß, dass ich mein und sein Leben verschönern möchte?

Jeder hat seine speziellen Fähigkeiten, die er für die gemeinsame Sache einbringen kann. Nicht jeder braucht alles zu können. Was wir nicht oder nur sehr schlecht können, können andere besser und leichter. Was der eine nicht hat, hat der andere. So also liegt es doch nahe, dass wir auch den anderen miteinbinden und dass dessen Fähigkeiten nicht brachliegen müssen. Dabei sind auch Dinge und Menschen einzubeziehen, die außerhalb unserer eigenen 4 Wände sind. Das Leben ist eben ein Geben und Nehmen. Es muss im Fluss sein.

Am Kreislauf der Natur können wir das Prinzip von Geben und Nehmen wunderbar gut erkennen. Das, was der Erde genommen wird, wird ihr auch wieder zurückgegeben. Allerdings zeigt die Natur, dass an einem solchen Kreislauf nicht nur ein Lebewesen beteiligt ist. Daran sind alle irdischen Seins-Formen beteiligt. Es scheint, dass das irdische Leben die Vielfalt braucht, um sich erhalten zu können. Denn es lässt sich nicht leugnen, dass die Erhaltung des Lebens auf dem Zusammenwirken aller Seins-Formen fußt. Jede Seins-Form hat seine spezielle Funktion oder Aufgabe.

Auch innerhalb der Menschen hat jeder seine spezielle Funktion oder/und Aufgabe. Genau genommen haben wir immer mehrere Funktionen und Aufgaben, die sich mit der Zeit auch ändern können. Gemäß unserer speziellen

Funktionen und Aufgaben tragen wir am Gesamtsystem bei. Je besser das Zusammenwirken ist, desto weniger Probleme gibt es. Je schlechter das Zusammenwirken ist, desto größer sind die Probleme.

Gerade in einer Zeit der Hektik und des Stresses ist es nicht unangebracht, von Dingen abzulassen, die nicht im Bereich unserer Fähigkeiten liegen, um stattdessen Zeit für Dinge aufzubringen, die wir tun können und auch tun wollen. Was wir nicht zu tun vermögen, weil es nicht im Bereich unserer momentanen Fähigkeiten liegt, lassen wir am besten bleiben. So also tun wir es doch nicht! Die Zeit, die uns dann zur Verfügung steht, können wir benutzen, um eine Fähigkeit oder eine Eigenschaft entfalten zu können, die uns erstrebenswert erscheint.

Was kann ich nicht oder/und lass es am besten bleiben? Hier ein paar Beispiele:

- in die Zukunft schauen.
- Gedanken lesen.
- die Motive des anderen genau kennen, selbst wenn sie mir offensichtlich erscheinen.
- wissen, was für den anderen gut oder schlecht ist.
- erfolgreich sein mit meiner Hilfe, wenn ich mich um die Belange anderer kümmere und jene mich nicht darum gebeten haben, zu helfen.
- über Dinge Bescheid wissen, die ich nicht sehe.
- erfolgreich in Spekulationen über das Leben anderer sein.
- den anderen ändern, ohne mich selber zu ändern.
- verändern, was geschehen ist.
- verhindern, was eh kommt.
- die Welt in Gänze verstehen.
- überhaupt verstehen, ohne mit dem Herzen zu verstehen.
- in der Hektik oder unter Druck keine Fehler machen.
- eine Meinung wirklich halten, insbesondere die, welche niemand mit mir teilen will.

- Frieden im anderen schaffen, wenn dieser für den eigenen Frieden nichts unternimmt.
- Probleme anderer lösen.
- Probleme alleine lösen.
- Konflikte anderer lösen, ohne selber konfliktfrei zu sein.

Was kann ich und baue ich gegebenenfalls aus?
- das Leben genießen (lernen).
- auf die guten Dinge im Leben schauen (lernen): Gründe suchen, die Freude mehren oder Leid mindern lassen.
- Gelegenheiten am Schopfe packen, um aktiv an der Mehrung der Freude beizutragen.
- den anderen lieben und schätzen lernen, wie er sich gibt oder geben will.
- dem anderen das Gefühl vermitteln, dass er das Leben meistern kann oder/und dass er trotz seiner Fehler einfach o.k. ist.
- uns und dem anderen gute Dinge wünschen.
- inneren Frieden schaffen.
- Ruhe finden, um in Ruhe das Richtige zur richtigen Zeit am richtigen Ort denken, sagen oder tun zu können.
- zuhören lernen.
- Versöhnung nach einem Streit anbieten.
- mir und dem anderen die eigenen Fehler zugestehen, auch wenn der andere auch Fehler gemacht hat, ohne dem anderen seine Fehler vorzuhalten.
- mich selbst ändern (anstatt den anderen ändern zu wollen).
- Fähigkeiten oder Eigenschaften, die ich als erstrebenswert erachte, entfalten.
- Fähigkeiten oder Eigenschaften, die ich an mir nicht haben will, in den Hintergrund bringen.
- Probleme, die ich mit jemandem habe, mit diesem zu lösen versuchen.

Probleme gemeinsam lösen.

Situationen, mit denen wir konfrontiert sind, können wir nicht wirklich immer verstehen. So macht es wenig Sinn, sie doch in jedem Fall verstehen zu wollen. Was wir aber erkennen können, ist, ob sich die Situationen mit der Zeit zum Guten oder zum Schlechten hin verändern. Die Veränderung kann u.U. so langsam vor sich gehen, dass wir es kaum bemerken. Wenn wir aber ein Tagebuch führen, können wir sehr wohl eine Veränderung an uns feststellen. Dabei brauchen wir nur einen Blick in die Vergangenheit zu werfen, um zu sehen, wie unsicher wir uns damals gefühlt hatten, was unsere Probleme damals waren oder welche Meinungen wir damals vertreten hatten. Die vielen kleinen Änderungen, die in der Summe eine große Änderung ergeben, können wir z.B. mittels der Rückschau im Tagebuch und anhand des Vergleichs mit heute ersehen. Jedenfalls können wir die Richtung, in die es gehen soll, selber bestimmen. So liegt es doch nahe, dass wir uns darauf konzentrieren, das Leben zum Guten hin zu verändern und nicht zum Schlechten hin.

Im Übrigen ist keine Situation mit einer anderen identisch. Keine Situation wiederholt sich wirklich. Es wiederholen sich nur die Verhaltensmuster. Dies heißt, dass wir immer auf etwas Neues gefasst sein müssen. So gesehen müssen wir immer wieder aufs Neue die Situationen bewältigen lernen. Ein Ende des Lernens scheint daher nicht abzusehen zu sein. **Es gilt daher nicht primär zu lernen, die Situation an sich zu verstehen, sondern darum, zu lernen, wie wir die Situationen zu unseren Gunsten - und dies heißt immer auch zu Gunsten aller - verändern können**.

Weil wir keine Probleme ohne den anderen haben, ist es auch unmöglich, Probleme ohne den anderen lösen zu können. Wer Probleme ohne den anderen lösen will, löst sie nicht wirklich. Was er stattdessen tut, ist, dass er ständig neue Probleme schafft. Beim neuen Problem stellt sich wieder dieselbe Frage: *'Habe ich versucht, mich mit meinem Problem-Partner zu verbinden, oder habe ich etwas getan, was mich von ihm distanziert hat?'.*

Kaum scheint das eine Problem gelöst zu sein, kommt das nächste auf uns zu. Heute zeigt sich das Problem in grün und morgen in blau. Den Problemen ist gemein, dass der falsche Lösungsversuch mit der Zunahme von Widerständen, Gegenaktionen, Interessenskonflikten und dgl. verbunden ist. Der Problemberg wächst. Der rechtmäßige Versuch dagegen macht den Problemberg kleiner.

Der einfachere Weg, Probleme zu lösen ist derjenige, wenn ich mein Problem und dasjenige des anderen zu einer gemeinsamen Sache erkläre. Denn es ist nicht falsch zu sagen, dass dein Problem auch mein Problem ist, wie mein Problem auch dein Problem ist, wenngleich die Gewichtung eines speziellen Problems bei jedem etwas anders ist. Gerade der Versuch, dem anderen weismachen zu wollen, dass mein Problem mit keinem anderen zu vergleichen ist, verhindert ja gerade, dass mein Problem gelöst werden kann. Mit diesem Versuch klammern wir uns von der Mitwelt aus. Wie könnte es dann gelöst werden?

Konfliktfrei Ziele erreichen.

Wenn wir ein Ziel ohne die Einbindung der Mitwelt verfolgen, können wir das Ziel entweder gar nicht oder nur unter sehr hohem Energieaufwand erreichen. Ferner beschränken sich die Ziele dann nur auf sehr wenige Dinge, die wir ohnehin nicht auf Dauer halten können. Auf Dauer ist dieser Weg ermüdend, kräftezehrend und letztlich nicht aushaltbar.

Richten wir unsere Ziele aber darauf aus, dass sie nicht nur uns, sondern auch dem anderen nützen, verhalten wir uns so, wie es dem Lebens-Prinzip angemessen ist. Der daraus resultierende Energie-Aufwand wird dann minimiert sein, weil auch die Mitwelt uns entgegenkommt, da wir schließlich ein Teil dieser Mitwelt sind. Es ist ja klar, wenn wir ein gemeinsames Ziel verfolgen und den anderen an der Ideensammlung für die Realisierung beteiligen, dass die Wahrscheinlichkeit für das Gelingen dann viel größer ist, als wenn wir ständig Alleingänge machen und den anderen links liegen lassen.

Bei der vielen Menschenmenge und bei den vielen Zielen, die es so gibt, liegt es doch auf der Hand, dass wir möglichst wenige Interessenskonflikte heraufbeschwören. Ich bin nicht der Einzige, der Bedürfnisse hat, der Ziele hat oder der ein Recht auf Glück, Gesundheit und Reichtum hat. Warum also nicht versuchen, anstatt einen Weg der Isolation einen Weg der Gemeinsamkeit zu gehen? Selbst dann, wenn es keine Ideale gibt, die allen gleiches Recht und gleiche Pflichten einräumt, bringt uns das Streben nach dieser Idealen jedenfalls mehr, als wenn wir diese Ideale nicht beherzigen oder ihr gar entgegenwirken.

Jedenfalls wird ganz klar deutlich, dass wir mit dem Bestreben, an der Weltverbesserung beizutragen, nicht so schnell an eine Grenze kommen. Dies heißt, dass es uns dabei nie langweilig werden kann. Selbst dann, wenn die Welt den Idealzustand, in dem alles für gut befunden wird, erreichen kann, hört die Langeweile nicht auf. Denn dann ist immerhin die Begeisterung so groß, dass sie nicht mehr erlöschen will. Diese kann nur dann erlöschen, wenn das Leben erlischt. Und ob dies der Fall sein kann, dürfte derzeit wirklich eine sehr untergeordnete Rolle spielen. Diese Möglichkeit könnte allenfalls dann eine wichtige Rolle spielen, wenn das Universum seinem Tod naht. Bevor dies aber der Fall ist, können wir sagen, dass wir keinen Nachteil haben, wenn wir uns an der Weltverbesserung beteiligen wollen, weil wir ja auch davon profitieren. Nachteilig ist eher das Streben nach dem persönlichen Wohl, wenn dieses über dem Allgemeinwohl gestellt wird. Solange wir aber versuchen, das persönliche Wohl in Einklang mit dem Allgemeinwohl zu bringen, können wir nicht wirklich verlieren. Und dass wir uns mit diesem Versuch auf Dauer gesehen leichter tun, steht wohl außer Frage.

Die Stetigkeit gepaart mit Vertrauen.

Die Frage nach unserem Lebenserfolg hängt also immer davon ab, wie sehr wir das Gesetz der Energie-Minimierung beachten und wie gut wir unser Leben darauf ausrichten. Wenn wir darauf achten, ist die Richtung schwerpunktmäßig schon vorgegeben. Rückschritte werden uns dann nicht wirklich hindern können, dennoch wieder Schritte nach vorne zu machen. Schließlich hat jeder die Freiheit, ob er einen Weg der Distanzierung gehen will oder einen Weg der Verbindung. Diese Entscheidung kann uns niemand abnehmen. Auch kann uns niemand daran hindern, uns für einen der beiden Wege zu entscheiden, wenn wir es nicht zulassen. Und weil dem so ist, haben wir unser Leben selber in der Hand. Wir haben es in der Hand sowohl zum Guten hin als auch zum Schlechten hin.

Jedes Mal, wenn es uns nicht gelungen ist, Freude zu mehren oder Leid zu mindern, sind wir der Versuchung unterlegen und haben uns gegen das Leben gestellt. Und weil wir uns gegen das Leben gestellt haben, haben wir uns wegen des Gesetzes von actio=reactio auch gegen uns selbst gestellt. Dies deshalb, weil wir eben Teil des Lebens sind.

Dies sind elementare Lebens-Prinzipien, die einfach zu verstehen sind. Nur in der Handhabung tun wir uns schwer. Vielleicht deshalb, weil es so Viele sind, die es verkehrt machen. Und weil es Viele sind, die es nicht rechtens machen, glauben wir, dass es keine Alternativen gibt. Jedenfalls hat es immer schon Menschen gegeben, welche einen Weg gegangen sind, der sozusagen gegen den Strom der Allgemeinheit gezeigt hatte. Solche Menschen wird es auch in Zukunft immer geben. Und weil es solche Menschen gibt, haben wir einen direkten Beweis dafür, dass es tatsächlich einen alternativen Weg zum Ego-Trip gibt. So haben wir auch einen Beweis dafür, dass wir trotz der Verbundenheit mit allem etwas tun können, was unser Leben bereichert, was es verschönert und was uns zufriedener und glücklicher macht. Wir brauchen dabei nichts zu tun, was wir nicht können oder was uns schwerfällt, zu tun. Denn, wenn wir das Gesetz der Energieminimierung beachten, tun wir ohnehin das, was am leichtesten ist. Und dass wir langfristig gesehen damit viel mehr erreichen können, als in der Hektik, im Stress und unter Druck, muss nicht extra erwähnt werden.

Wir brauchen uns gegenseitig, um glücklich werden zu können. Streng genommen brauchen wir uns nicht, weil wir uns ja haben. Und weil wir uns haben, erreichen wir mehr mit dem anderen als ohne den anderen. So also liegt es auf der Hand, was wir tun müssen, um glücklich zu werden.

Wenn wir uns im Streit sehen, können wir uns daran erinnern, eine Alternative anzubieten. Wir sagen dem Streitpartner z.B.: *'Lasst uns nicht streiten! Lasst uns stattdessen gemeinsam überlegen, ob es nicht doch eine Lösung gibt, die allen Beteiligten dienlich ist!'*. Jedes Mal, wenn wir jemandem gegenüberstehen und ein komisches Gefühl mit ihm haben, können wir uns daran erinnern, dass wir uns ja doch einander haben. Dann können wir uns fragen, was es sein könnte, was uns einander näherbringen oder was uns beiden nützlich sein könnte. Wir können uns immer wieder daran erinnern, dass wir nichts tun wollen, was den anderen veranlassen könnte, sich uns in den Weg stellen zu wollen.

Zeigen wir dem anderen unsere gute Absicht, ob in Worten oder einfach nur durch eine kleine Geste des Zugehens! Selbst dann, wenn es uns schwerfallen sollte, unsere gute Absicht zu bekunden, können wir es auch im Stillen tun. Wir können uns vorstellen, wie unser Gegenüber in Licht gekleidet ist, wie wir einander zulächeln, wie wir aufeinander zugehen oder wie wir uns umarmen. Der Vorstellungen sind keine Grenzen gesetzt. Jede noch so kleine Geste ist ein Schritt in die richtige Richtung.

Die Kraft der positiven Absicht.

Licht ist ein Symbol für Liebe. Wenn wir dem anderen momentan nicht sagen können, dass wir ihn lieben, können wir ihn stattdessen in Gedanken mit unserem Licht anstrahlen. Dies ist ein Zeichen dafür, dass wir ihn wenigstens lieben oder anerkennen wollen. Was mir heute nicht gut gelingt, gelingt mir morgen besser. Oder wir denken einfach: *'Ich will dich lieben oder anerkennen, auch wenn es mir im Moment nicht so gut gelingt. Aber ich bin gewillt, mit diesem Versuch nie aufzuhören, bis es mir gelungen ist'*. Wir können dem anderen unsere Hand kurz auf die Schulter legen, um ihm verstehen zu geben, dass er o.k. ist und dass wir ihn gernhaben.

Wir können den anderen fragen, wie wir mit dieser oder jener Situation jetzt umgehen sollen. Was können wir anders, besser oder vernünftiger machen? Fragen wir nicht, erfahren wir es nicht. Oder, wir können dem anderen sagen, was wir uns wünschen. So können wir z.B. sagen: *'Ich würde mir wünschen, dass ich in dieser oder jener Sache einmal meine Position vorbringen kann'.* Wir könnten ihn fragen, ob er mal ein wenig Zeit für mich hat, um mich anzuhören. Diese Frage ist z.B. eine offene Frage, weil sie dem anderen die Wahl lässt, ja oder nein zu sagen. Haben wir Fragen an den anderen, ist es nie unklug, wenn es offene Fragen sind. Offene Fragen sind dazu da, um den anderen frei entscheiden zu lassen, ob er auf das, was wir anbringen, eingehen will oder nicht, ohne, dass er dabei ein schlechtes Gefühl haben muss.

Ebenso können wir den anderen fragen, wie er sich fühlt, was er denkt oder was er sich von uns wünscht, dass wir tun. Haben wir keine Angst davor, was es sein wird. Lassen wir möglichst viel aufzählen. Dann können wir z.B. sagen, dass wir dieses gerne machen möchten, jenes aber nicht so gerne machen würden. Sagen wir, was wir uns zutrauen und was nicht, in welcher Angelegenheit wir dahinterstehen und in welcher nicht. Es wird immer etwas sein können, was alle Beteiligten zufrieden stellt. Dieses gilt es, herausfinden. Wenn wir dies dann tun, können wir sicher sein, dass das Leben viel leichter ist. Wir verfahren umgekehrt genauso, damit auch der andere weiß, wie er sich am besten einbringen kann.

Ein gutes und harmonisches Zusammensein könnte ein Ziel sein, das wir gemeinsam angehen können. Je mehr wir voneinander wissen, desto eher sind wir in der Lage, einen Konsens zu finden. Stimmen wir mit dem anderen ab, was er tun möchte! Suchen wir Gemeinsamkeiten, die einerseits allen dienlich sind und bei denen andererseits jeder seinen speziellen Beitrag gemäß seiner individuellen Fähigkeiten leisten kann.

Wir können damit beginnen, gewisse Dinge bewusst zusammen zu machen und versuchen, das Zusammensein zu genießen. Wenn wir z.B. beim gemeinsamen Essen eine Kerze anzünden, kann dies die innere Stimmung aller anheben. Es gibt viele Möglichkeiten, um das Leben schöner und liebevoller zu gestalten. In diesem Sinne wünsche ich dir viel Spaß und viel Kreativität.

2. Gesetze, Regeln und Prinzipien.

Zusammenfassung.

a. Alle energetischen Vorgänge folgen dem Prinzip des Energie-Minimalismus.
b. Alles hängt mit allem anderen zusammen und steht in Wechselbeziehung miteinander (Beispiel: Natur, Organismus, Familie, Staat, usw.).
c. Jeder ist Teil des Ganzen, woraus wegen unser aller Verbundenheit folgt: ‚Was dem Ganzen guttut, tut auch dem Einzelnen gut und umgekehrt'. (Beispiel: Natur, Organismus, Familie, Staat, usw.).
d. Gesetze bzw. Prinzipien, die aus den Punkten a) bis c) ableitbar sind:
    - Wie im Kleinen, so im Großen und umgekehrt.
    - Das Win-Win-Prinzip folgt dem Prinzip des Energieminimalismus.
    - Da die Natur Ökonomie und Ökologie in Einklang miteinander bringt und effektiver ist als jegliche von Menschen gemachte Technologie, führt die Schaffung des Einklangs von Ökologie und Ökonomie auf wirtschaftlicher Ebene zur höchst möglichen Effektivität in der Produktivität, zumindest auf lange Sicht gesehen.
e. Folgerungen für die persönliche Einstellung:
    - Alles, was ich tue, tue ich immer auch für oder gegen mich selbst.
    - Nichts, was ich tue, ist nicht auch für oder gegen mich selbst.
    - Was wir säen, ernten wir.

Beispiel 1: Bin ich wohlwollend allem gegenüber, strahle ich dieses Wohlwollen aus. Der andere spürt dies in irgendeiner Form und kann fast gar nicht anders, als mir ebenso wohlwollend gegenüber zu sein (-> gute Voraussetzung für gegenseitigen Profit).

Beispiel 2: Im umgekehrten Fall, wenn ich griesgrämig und negativ drauf bin, spürt dies der andere in irgendeiner Form. Dieser kann dann fast gar nicht anders, als sich von mir zu distanzieren oder sich von mir abzuschotten. Dann wird er für mich ungern etwas tun wollen (-> schlechte Voraussetzung für gegenseitigen Profit).

Hier die einzelnen Prinzipien, Regeln und Gesetze im Detail:

Das Ähnlichkeits-Prinzip (Übertragung vom Kleinen auf das Große). Die Analyse unserer Lehreinheit ist nicht schwer, wenngleich das Leben sehr komplex erscheinen möge. Wir können die Welt sozusagen in Einheiten (Quanten) einteilen, für die sozusagen das Ähnlichkeitsprinzip gilt. Was im Kleinen gilt, gilt auch im Großen; und umgekehrt. Das Ähnlichkeitsprinzip beruht letztlich auf dem hermetischen Analogiegesetz 'wie oben, so unten'. Der Körper ist sozusagen ein Mikro-Universum, das aus Teilen besteht, welche in hierarchischer Ordnung aber auch in Symbiose zueinander existieren. Doch ist der Körper als Mikro-Universum kein geschlossenes Universum, sondern ist Teil einer noch größeren Einheit. Eine dieser Einheiten bildet die Menschheit, die ebenso hierarchisch strukturiert ist. So finden wir hierarchische Strukturen in Familien, Gruppen, Firmen, Staaten und sonstigen Verbünden vor. Des Weiteren bildet die Menschheit zusammen mit den Mineralien, Pflanzen und Tieren das irdische Leben. Dieses ist eine Einheit, die ebenso gut strukturiert ist und deren Teile ebenso in Symbiose zueinander existieren. Die Erde, welche das irdische Leben stellt, ist ebenso im kosmischen Gefüge des Universums eingebettet. Sodann bilden die materiellen Ebenen Einheiten, die den geistigen Ebenen untergeordnet sind. Und so gibt es innerhalb des Universums, das, wie wir im Band 2 noch sehen werden, selbst in einem hierarchischen Gefüge eingebettet ist, eine hierarchische Struktur.

Es ist also offensichtlich, dass kein einziges Einheits-System in sich geschlossen ist, weil es überall übergreifende Dinge gibt, welche wiederum andere Einheits-Systeme berühren und beeinflussen. Die gegenseitige Beeinflussung mag uns glauben machen, dass diese Systeme sehr kompliziert und daher sehr schwer in den Griff zu bekommen sind. Dies ist ein Trug. Denn das Analogiegesetz belehrt uns eines Besseren. Aufgrund des Ähnlichkeitsprinzips genügt es, wenige Einheits-Systeme exemplarisch herauszugreifen, um uns ein Bild über die geistigen Gesetze zu machen. Dies erleichtert unsere Analyse und lässt ferner erkennen, dass die Funktions-prinzipien des Lebens sehr einfach sind. Die äußeren Dinge mögen mitunter zwar sehr komplex erscheinen, doch sind sie aber überhaupt nicht kompliziert.

Jedes Einheitssystem steht und fällt mit seiner inneren Struktur. Wenn ein staatliches System die Struktur eines Kartenhauses besitzt, nützt die beste Strategie nichts, das staatliche System zu stabilisieren. Eine staatliche Struktur muss so aufgebaut sein, dass sie sowohl von oben nach unten als auch von unten nach oben klar und verlässlich ist. Nicht anders verhält es sich mit der Funktionsweise eines lebendigen Organismus. Alle Zellen und alle Organe müssen Hand in Hand arbeiten, damit der Organismus auf Dauer funktionstüchtig ist. Dabei muss der Organismus jedem Teil alles geben können, was er braucht, wie der Teil dem Organismus alles geben muss, was dieser braucht. Geht es dem Organismus als Ganzes gut, geht es auch jedem einzelnen Teil des Organismus gut.

Energie-Minimalismus (die Natur nachahmen). Wenn wir die Natur genau beobachten, erkennen wir, dass sie weit effektiver arbeitet, als jede von Menschen gemachte Technologie. Der Minimalismus der Natur beruht darauf, dass trotz Vielfalt jeder ihrer Teile entsprechend seiner Anlagen und Funktionen Hand in Hand arbeitet. Jeder ihrer Teile hat eine spezifische Aufgabe, die dem Gesamten dienlich ist. Es ist wie bei einem Organismus, dessen Teile (Zellen, Organe, Glieder) ebenso entsprechend ihrer Anlagen und Funktionen Hand in Hand arbeiten. Obwohl die Natur verschwenderischer Art ist, erlaubt das Zusammenspiel ihrer Teile in Bezug auf die aufzuwendende Energie einen Minimalismus und in Bezug auf die Effektivität einen

Maximalismus. Diese Effektivität lässt sich auch auf das tägliche Leben des Menschen übertragen.

Wenn wir uns mit dem anderen zusammentun und bestimmte Aufgaben aufteilen, ist das Leben leichter, ob im privaten oder geschäftlichen Bereich. Wenn jeder Einzelne sein eigenes Süppchen kocht, ist weit mehr Energie- und Zeitaufwand vonnöten, als wenn z.B. einer einkauft und abwäscht und der andere kocht. Oder eine Firma, die sich gegen eine starke Konkurrenz behaupten muss, kann es sich heutzutage nicht mehr leisten, Teamwork (Zusammenarbeit) nicht an höchster Stelle zu setzen. Dabei macht nicht jeder dasselbe, sondern es macht jeder etwas anderes und zwar nach Möglichkeit entsprechend seiner Fähigkeit. Je eher der Einzelne seine Fähigkeiten ins Spiel bringen kann und je mehr Hand in Hand gearbeitet wird, desto harmonischer ist das Zusammenspiel, desto leichter die Arbeit und desto effektiver die Produktivität der Firma. ***Jedenfalls können wir unzählige Beispiele aufführen, um uns klarzumachen, dass ein Leben des Miteinanders und Füreinander ein leichteres Leben ist als ein Leben des Egotrips, Alleingangs und Gegeneinanders.***

Wer einen Weg des Gegeneinanders, des Egotrips, des Kampfes und dgl. geht, verletzt das Gesetz der Energieminimierung und geht gegen das Leben an. Das Resultat ist Kampf, Anstrengung und Abgeschlagenheit. Hingegen genügt ein Leben des Füreinander und des Miteinanders dem Gesetz der Energieminimierung. Bei einem solchen Leben können so starke Kräfte frei werden, dass wir kaum das Gefühl der Ermüdung und Ermattung haben. Zwar mögen wir dann am Ende des Tages manchmal fix und fertig sein. Aber dies wird dann mit einem solch guten Gefühl verbunden sein, dass wir am nächsten Tag wieder voller Elan sind. Dabei werden wir viel eher solche Voraussetzungen schaffen, dass sich Körper und Geist regenerieren können. Sehen wir stattdessen am nächsten Tag gleich wieder einem Kampf entgegen, werden wir vergleichsweise dazu nicht einmal die Hälfte dieser Kraft aufbringen können. Dann würden wir uns am liebsten verkriechen und zuhause bleiben wollen. Dort würden wir aber Trübsal blasen und uns noch mehr vom Leben abschotten.

Praktisches Beispiel für einen Energieminimalismus: Gemeinsame Ziele anstreben. Gemeinsame Ziele lassen sich einfacher erreichen als Einzelziele (Erklärung siehe oben).

Persönlichkeit und Identität (sich im Kollektiv entfalten können): Wer glaubt, dass er im Kollektiv seine Identität verliert, täuscht sich gewaltig. Im Gegenteil, wer sich von ihr abkoppeln will, steht einsam und verlassen da. **Dieser Sachverhalt ist ganz einfach nachvollziehbar, wenn wir solche Momente vor Augen führen, in denen wir von der Außenwelt wie abgeschnürt sind.** Wir fühlen uns einsam und verlassen. Wir empfinden das Leben trist, traurig und leblos und fühlen uns mehr dem Tod nahe als dem Leben. In solchen Momenten haben wir nicht einmal die Möglichkeit, uns selber zu erkennen, weil wir uns nicht einordnen können. Dabei wissen wir nicht, wer wir sind und auch nicht, wo wir hingehören.

Es mangelt an Vergleichsmöglichkeit mit der Vielfalt, die das Leben insgesamt bietet. Ferner legen wir von den vielen Eigenschaften, die in uns sind, nur ganz wenige an den Tag. Und, je länger ein solch einsamer Zustand anhält, desto mehr beschränken wir uns auf die wenigen Eigenschaften, die wir in solchen Momenten für angemessen halten. Die anderen Eigenschaften liegen brach da, verkümmern und geraten in Vergessenheit. Daher können wir nicht (mehr) glauben, dass ganz andere Dinge in uns stecken. Denn auch die brachliegenden Eigenschaften gehören zu uns und haben etwas mit unserer Identität zu tun.

Mit der Abkopplung vom Kollektiv, die im Übrigen nur partiell möglich ist, ist ein Identitäts-Verlust verbunden. Je größer die Abkopplung oder Isolation ist, desto mehr verlieren wir unsere eigene Identität. Die Isolation macht uns einsam. In der Einsamkeit geraten wir in Persönlichkeitszustände, die uns regelrecht in Lethargie versetzen. Diese Lethargie verhindert, uns frei entfalten zu können. Die Freiheit aber ist ein wichtiger Aspekt, der zu unserer Identität gehört. Wie also könnte Isolation etwas mit unserer Identität zu tun haben?

Wenn wir unser Leben darauf ausrichten, etwas zu tun, was wir mit dem Kollektiv teilen können, werden wir ganz andere Dinge erleben. Wir werden Begeisterungen erwecken, Glücksgefühle und Gefühle der Zugehörigkeit. Es werden Kräfte frei. Diese können so stark werden, dass uns fast nichts zu viel ist. Wir werden sogar über uns selbst erstaunt sein können, zu was wir alles fähig sind. In der Einsamkeit hingegen ist uns fast alles zu viel.

Die momentane Macht eines jeden liegt immer darin begründet, wie er sich im Verhältnis zum Kollektiv sehen und wie er sich einbinden will. Das Kollektiv lebt durch jedes einzelne Individuum. Je mehr Individuen Hand in Hand arbeiten, desto besser ist es für das Kollektiv und so auch für seine Mitglieder. Dabei kann sich das Kollektiv dann am besten halten, wenn alle seine Mitglieder die Idee des Kollektivs voll und ganz tragen. Dann kann auch das Kollektiv jedes einzelne Mitglied voll und ganz tragen.

Übertragung auf eine Firma. Eine Firma ist eine Gemeinschaft, die eine gewisse Idee hat, die sie in irgendeiner Form vermarktet. Dabei spielt es keine Rolle, ob diese Idee sich auf eine Dienstleistung oder auf die Produktion einer bestimmten Ware bezieht. Jeder Mitarbeiter ist Teil dieser Firma und trägt im besten Falle die Idee dieser Firma voll und ganz mit. Die optimale Voraussetzung dafür ist dann gegeben, wenn jeder Mitarbeiter sich als Teil seiner Firma fühlen kann und wenn er sich für sie entsprechend seiner Gaben, Fähigkeiten oder Talente optimal einbringen kann.

Nun gibt es verschiedene Aufgaben, die nicht jeder Mitarbeiter erfüllen kann. Was der eine gut kann, kann der andere weniger gut. Letzterer kann dafür aber etwas anderes besser. Insofern sollte darauf geachtet werden, dass sich jeder Mitarbeiter so einbringen kann, dass es am besten seinen Fähigkeiten entspricht und dass er in seiner Aufgabe regelrecht aufgehen kann. Dazu gehört auch, dass jedem Mitarbeiter ein gewisser Freiraum gegeben wird, der ihm erlaubt, sich zu entfalten.

Dies heißt nicht, dass die Firma keine Grundvorgaben machen sollte. Diese braucht es, um einen geordneten Rahmen zu schaffen. Aber innerhalb dieses Rahmens, der klar herausgearbeitet sein sollte, sollte der Freiraum für jeden Mitarbeiter gewährleistet sein.

Wenn die Mitarbeiter entsprechend ihrer Fähigkeiten Hand in Hand arbeiten, ist es für die Firma optimal. Nicht nur das, dann profitieren auch alle Teile dieser Firma mit (Win-Win-Prinzip). Wenn jeder Mitarbeiter sich für die Idee einer Firma begeistern lässt, spielt es keine wirkliche Rolle, von wem die Idee ursprünglich ist.

Das Motto einer modernen Firma, das es auf ihre Fahnenstange schreiben könnte, könnte sein, Arbeitgeber- und Arbeitnehmer-Verhältnis auf dem Win-Win-Prinzip aufzubauen. Die Herausforderung einer Firma ist natürlich, wie sie optimale Rahmenbedingungen schaffen kann, damit jeder sich für die Idee optimal einbringen kann und dass sich jeder als Teil der Firma fühlen kann.

Möglichkeiten:

- Der Firmenchef sollte die Beziehung zu seinen Mitarbeitern, die in der Aufgaben-Hierarchie quasi unten stehen, nicht scheuen und sollte sich deren Probleme annehmen, wenn diese auftauchen (Mitarbeiter-versammlungen).
- Gewisse Zurechtweisungen dürften sinnig sein, wenn jemand sich aus dem Rahmen bewegt und das Win-Win-Prinzip in Gefahr bringt.
- Es sollte schon bei der Anstellung die Firmen-Philosophie heraus-gearbeitet und ganz klar angesprochen werden, dass jeder Mitarbeiter wertvoll ist und keine Überheblichkeit geduldet wird.

Das Wirken des Wassers nach-ahmen. Das Wasser ist weich, geschmeidig und hält sich zurück, wenn gerade der Weg versperrt ist. Die Weichheit steht für Sanftheit. ***Seien wir daher sanft der Mitwelt gegenüber!*** Das Wasser sucht den Weg durch Ritzen, Kanäle, Löcher und scheut sich nicht, auch mal Umwege zu gehen. Der stete Tropfen, so klein er auch vorkommen möge, kann den Stein höhlen. So besiegt das weiche Wasser das Harte; nicht sofort, aber stetig. **Das stetige Tröpfeln steht für geduldiges Ausharren, wobei wir währenddessen stetig an unsere Kraft glauben und auf jeden Schritt, sei er noch klein, beharrlich aufbauen. Seien wir daher auch geduldig und warten die Zeit ab, bis wir mit voller Kraft in Aktion treten können!** Das Wasser sammelt sich so lange an, bis es über die Ufer oder über sonstige Hindernisse treten kann. Dann kann es zu einem Strom werden und kann alles mitreißen, was sich ihm in den Weg stellt. Nun ist der Weg des Wassers geradliniger, klarer und mächtiger. Nimmt die reißende Strömung ab, kann das Wasser auch wieder Umwege gehen. Es geht genau denjenigen Weg, der für es am günstigsten ist. **Sammeln wir daher auch unsere Kraft, bis wir sie wirkungsvoll einsetzen können!** Ist unsere Kraft einmal verpufft, weil wir nicht dafür gesorgt haben, dass sie genauso schnell nachströmen kann, wie wir sie benutzt haben, ist es nötig, uns wieder zu sammeln. **So also, wie das Wasser den Weg des geringsten Widerstandes geht, sollen auch wir denjenigen Weg anstreben, welcher dem Gesetz der Energieminimierung gehorcht.**

Das Pareto-Prinzip (ein eigentümliches Missverhältnis). Ein Unternehmen habe eine bestimmte Anzahl von Verkäufern im Außendienst, die für den Umsatz des Unternehmens sorgen. Es zeigt sich, dass unabhängig vom Unternehmen und unabhängig vom Produkt 20% ***(80%)*** der Verkäufer 80% ***(20%)*** des Umsatzes tätigen. Auch haben in allen Verkaufsbranchen 20% ***(80%)*** der Verkäufer eine Erfolgsquote, die in Bezug auf ihre Angebote bei 80% ***(20%)*** liegt.

Dieses Verhältnis ist allgemein als das Pareto-Prinzip bekannt, benannt nach Vilfredo *Pareto* (1848–1923), der dieses Verhältnis in vielen anderen Lebensbereichen festgestellt hatte. Sicherlich lässt sich darüber streiten, ob die Zahlen heute noch überall so genau übereinstimmen. ***Unbestreitbar ist jedoch das Phänomen des starken ungleichgewichtigen Verhältnisses.*** Und darum soll es uns jetzt gehen.

Ein ähnliches Verhältnis kennen die Verkäufer in der Verkaufs-Psychologie. So entscheidet z.B. der 'Bauch' des Kunden zu 80% für Kauf oder Nichtkauf. Der Bauch ist der Sitz des Unbewussten. Und so ist in diesem Sprachgebrauch mit dem 'Bauch' das Unbewusste von uns gemeint. Dabei ist zu sagen, dass unser Unbewusstes die nonverbale Körpersprache des anderen sehr gut deuten kann, wobei diese Körpersprache dem Anderen zusätzliche Informationen liefert. Demnach dürfte das, was wir mit dem Mund sprechen, nur etwa 20% aller Informationen enthalten, die wir insgesamt mittels unseres Körpers dem anderen vermitteln.

Sehr viele Menschen glauben, dass sie in dieser Welt mittels irgendwelcher Täuschungsmanöver oft besser zurechtkommen als auf ehrliche Weise. Daher sind sie nicht selten versucht, dem anderen etwas vorzumachen, was nicht ihrer innersten Einstellung entspricht. **Und genau diese Diskrepanz spiegelt sich in der gesamten Körpersprache wider, die sich im Lebenserfolg niederschlägt.** Stimmen z.B. bewusste Wahrnehmungen und unbewusste Botschaften nicht überein, verhält sich unser Gesprächspartner zu etwa 80% nach seinen unbewusst empfangenen Botschaften. Entsprechend groß wird die Mühe des Verkäufers sein, eine innere Diskrepanz zu übertünchen und den potenziellen Käufer zum Kauf zu bewegen.

Die Körpersprache ist eine Widerspiegelung dessen, wie es in unserem Innersten aussieht. Sie spiegelt quasi unseren Geistes-Zustand wider. Körpergestik und Geisteszustand stellen ein untrennbares Einheitssystem dar. Weil dem so ist, lässt sich der Geisteszustand durch die Körpersprache kaum verdecken, es sei denn, wir sind entsprechend gut geschult. Doch derjenige, welcher dahingehend gut geschult ist, wird sich auch selber besser kennen gelernt haben, weshalb er zumindest in Teilen einen harmonischen Einklang zwischen seiner Geisteshaltung und seiner Körpergestik anstrebt.

Je weiter wir von unserem inneren Einklang entfernt sind, umso größer ist die Diskrepanz zwischen Körpersprache und unserem persönlichen Verhalten, desto eher sind wir in Diskrepanz mit der Mitwelt. **Diese Diskrepanz äußert**

sich dadurch, dass unser Lebenserfolg zu wünschen übriglässt. Um uns diese Diskrepanz klarer vor Augen zu führen, seien folgende Thesen aufgestellt.

Thesen zum Pareto-Prinzip.

a. Wir beschäftigen uns bzgl. unserer Zielsetzungen zu 80% der Zeit mit Dingen, die nur 20% den Lebenserfolg ausmachen.
b. Wir suchen unseren Heilerfolg zu 80% in den Medikamenten bzw. in der materiellen Anwendung und zu 20% in unseren Gedanken bzw. in unserem eigenen Verhalten.
c. Die Lebens-Erfolgsquote macht bei 80% der Menschen nur 20% aus, wenn als Erfolg das angesehen wird, was uns auch wirklich ausfüllt, sprich, wenn Beruf und Berufung übereinstimmen.
d. Wir sind zu 80% von einem Denksystem beherrscht, das geistige Gesetzmäßigkeiten wie auf den Kopf stellt (dieses Denksystem beachtet z.B. nicht, dass das Weiche das Harte besiegt, dass Druck immer Gegendruck erzeugt, dass Hochmut immer vor dem Fall kommt und dass wir in der Hektik und im Stress immer Fehler machen, die wir wieder ausbügeln müssen, was oft mehr Zeit braucht als wenn wir uns die Zeit nehmen, um in Ruhe und Bedachtheit zu handeln, womit wir nicht wirklich Zeit damit gewinnen können.).
e. Die Menschen der zivilisierten Welt nehmen etwa zu 20% gesunde bzw. gesundmachende Nahrung und etwa zu 80% krankmachende Nahrung zu sich. Damit der Körper einigermaßen gesund und vital bleiben kann, müsste das Verhältnis geradezu herumgedreht werden.
f. Etwa 80 % der Nahrung der Menschen ist gekocht, gebraten oder/und gebacken, während die Pflanzenrohkost nur etwa 20% ausmacht. Dies äußert sich u.a. dadurch, dass 90% der Menschen der zivilisierten Welt einen übersäuerten Körper haben.
g. Wir Menschen verschwenden unbewusst 80% unserer Zeit mit Dingen oder Themen, die uns entwicklungsmäßig nicht weiterbringen. Das, was wir in dieser Zeit erreichen, schadet uns eher, als es uns nützt. Die restlichen 20% der Zeit, die wir für uns selbst und unsere Mitmenschen nehmen, reicht nicht aus, um den Schaden aufzukompensieren.

Wenngleich die Zahlen in den entsprechenden Bereichen oder Themen nicht unbedingt exakt zutreffen, so sollen sie uns zumindest die Verhältnismäßigkeit aufzeigen, die wir ändern können. An dieser Stelle sei angemerkt, dass das Pareto-Prinzip nicht wirklich ein Gesetz ist, schließlich gibt es in all den diesbezüglichen Themen oder Dingen Ausnahmen. **Somit ist das Pareto-Prinzip eine Regel, die bekanntlich Ausnahmen hat.** Dies wiederum bedeutet, dass wir die Regel zur Ausnahme machen können und die Ausnahme zu Regel. Wenn also vorher 80% unserer Bemühungen nur zu einem 20%igen Erfolg geführt hatte, brauchen wir mittels einer geeigneten Verhaltens- und Denk-Umstellung zu den Dingen vielleicht nur noch 20% unserer Bemühungen aufzubringen, um zu einem 80%igen Erfolg zu kommen.

Am Pareto-Prinzip können wir ganz allgemein erkennen, zu welchem Ergebnis das derzeitige Verhalten der Menschen im Umgang mit sich selbst, mit dem anderen und mit der Natur geführt hat. Dieses Verhalten hat zu einem Missstand geführt, der danach schreit, eine Wende zu erfahren. Es ist die Wende **weg vom Ellenbogen-Verhalten, weg vom Konkurrenzdenken, weg vom Gegeneinander hin zu einem sinnvollen Leben, das auf einem Win-Win-Prinzip und auf dem Füreinander sowie Miteinander aufgebaut ist.**

Die goldene Regel. Diese einfach zu verstehende Regel besagt: „*'Was du willst, dass man dir nicht antue, das tue auch keinem anderen an'.* Wer diese stets beachtet und nach ihr auch im praktischen Sinn zu handeln versucht, entwickelt immer mehr ein Gefühl der Achtsamkeit sowie des Für- und Miteinanders.

3. Die Lehren des Lebens sind:

- dass wir mit Härte immer verlieren (das Weiche besiegt das Harte).
- dass Hochmut immer vor dem Fall kommt.
- dass in Verbindung mit Druck, Spannung und Gewalt entsprechend immer Gegendruck, Gegenspannung und Gegengewalt verbunden sind.
- dass wir in der Hektik und im Stress immer Fehler machen, die wir wieder ausbügeln müssen, womit wir nicht wirklich Zeit damit gewinnen können.
- dass niemand vor seinen Lernaufgaben fliehen kann; solange wir dies aber tun wollen, holen uns diese Aufgaben immer wieder ein.

4. Tipps zur Beachtung des Gesetzes der Energie-Minimierung.

Probleme stellen sozusagen Hürden oder Widerstände dar, die es zu überwinden gilt. Hierzu gibt es den Begriff 'Problemberg'. So gesehen machen wir ständig Bergbesteigungen, wenn wir Probleme angehen. Manche Berge sind schwieriger zu besteigen als andere. Und genau deshalb müssen wir lernen, in unserem Leben Prioritäten zu setzen.

Sobald wir ein Problem zum Problem machen, wächst es. Dabei schlüpfen wir regelrecht in das Problem hinein. Es umfasst uns, umklammert und vereinnahmt uns. Damit kann das Problem nicht gelöst werden. Probleme können nur gelöst werden, wenn wir uns über die Probleme stellen. Wir gehen also nicht in den Problemberg hinein; wir besteigen ihn.

Der Berg stellt in gewissem Sinn ein Hindernis dar, den es nicht immer zu umgehen, sondern manchmal auch zu überwinden gilt. Manche Hindernisse können tatsächlich übersprungen werden. Andere müssen wie der Berg Schritt für Schritt durch Besteigung überwunden werden. Oben am Berg angekommen, erwartet uns ein wunderbarer Anblick. Der Berggipfel ist ein Ort, der uns ermöglicht, alles zu überblicken. Er ermöglicht eine höhere Einsicht. Die symbolische

Bergbesteigung hat durchaus einen Sinn. Sie kann ein übergeordnetes Ziel darstellen.

Manche Menschen, die sich inspirieren lassen wollen, besteigen einen Berg. Dort oben meditieren sie, um in einen Bewusstseins-Zustand zu kommen, der sie Gott oder dem höheren Selbst näherbringt. Der Berg hat also in mehrfacher Hinsicht symbolischen Charakter. Um den Weg nach oben begehen zu können, müssen die Kräfte zur Verfügung stehen. Betrachten wir dabei zwei Haltungen hinsichtlich einer Bergbesteigung.

Haltung A.

- ***ich habe keine Lust, mich abzumühen.***
- ***ich könnte etwas anderes tun als Bergsteigen.***
- ***ich weiß nicht, was ich da oben soll.***
- ***das tut mir nicht gut, weil ich mich unterwegs verletzen kann.***

Haltung B.

- ***der Berg ist eine Herausforderung.***
- ***die Besteigung gibt mir das Gefühl, etwas gemeistert zu haben.***
- ***ich erfreue mich des Panoramas.***
- ***wenn ich diesen Berg schaffe, schaffe ich auch einen noch schwierigeren Berg.***

Wenn zwei Menschen, die in etwa dieselbe physische Konstitution haben, einen Berg besteigen, wird die Bergbesteigung je nach Einstellung unterschiedlich anstrengend empfunden. Derjenige mit der Haltung A wird sich beim Bergbesteigen schwerer tun; der andere leichter.

Die Einsicht, wofür etwas gut oder sinnvoll ist, ist sehr entscheidend. Analog gilt dies für alle Problem-Bewältigungen. Wenn wir Probleme bewältigen wollen, können wir dies am besten tun, wenn wir mit voller Kraft an dieses Problem herantreten. Also nicht mit voller Kraft in das Problem hinein, sondern mit voller Kraft die Hürde überspringen oder den Problemberg besteigen. An dieser Stelle sei an die Weichheit und Flexibilität des Wassers erinnert. Wir wollen nichts erzwingen, aber wir wollen auch nicht weglaufen. Das Problem gehen wir am besten dadurch an, dass wir auf Tuchfühlung bleiben und das Problem mit sanfter aber beständiger Kraft überwinden. Wenn wir die Sinnhaftigkeit der Probleme nicht erkennen, fällt es uns immer schwer, mit Problemen umzugehen.

Nun gibt es viele Situationen in unserem Leben, die wir zu meistern haben. So stehen wir immer vor mehreren Problemen, die wir aber immer mit der Mitwelt lösen müssen. Unter Umständen wissen wir nicht, wo wir anfangen sollen. Daher gilt es, Prioritäten zu setzen. Das, was uns leichter fällt, hat Vorrang. Bei spontanen Handlungen sollten wir nicht groß überlegen, ob es gut ist oder nicht. Schließlich kommen diese aus einem inneren Impuls heraus. Und diesen sollten wir nicht unterdrücken.

Dennoch gibt es auch Situationen, die uns regelrecht zu einer bestimmten Handlung drängen, obwohl wir genau wissen, dass wir uns dabei schwer tun werden. Wir können einen Drang zu etwas verspüren, weil wir uns unter Druck gesetzt fühlen, weil ein Zwang vorhanden ist oder aus sonstigen unangenehmen Gründen. Jedenfalls besteht hierbei auch die Gefahr, dass wir sozusagen mit dem Kopf durch die Wand rennen. Damit wir uns dabei nicht verrennen, ist es hilfreich, auf die Zeichen zu achten, die uns während dieses Vorhabens begleiten. Um dies besser nachvollziehen zu können, führen wir uns wieder die beiden Bergsteiger vor Augen, von denen der eine die Haltung A und der andere die Haltung B hat.

Die beiden Bergsteiger seien Freunde. Derjenige, welcher unbedingt den Berg besteigen will, versucht seinen Freund zu überreden, mitzukommen. Der Freund hat aber keine Lust und ferner viele Bedenken. Womöglich weiß er, dass er stattdessen etwas anderes tun könnte, was ihm mehr einbringt. Auf der anderen Seite will er seinen Freund nicht enttäuschen. So steht er zwischen zwei Stühlen, weil er nicht weiß, was er jetzt tun soll. Insbesondere dann, wenn die

Bergbesteigung zeitlich gesehen noch in der Ferne liegt, kann in der Zwischenzeit noch Vieles passieren.

Jedenfalls ist die Wahrscheinlichkeit nicht gering, dass derjenige, der eigentlich den Berg nicht besteigen will, in der Zwischenzeit eher erkrankt oder sich eher verletzt. Wehrt er sich innerlich, wird er vielleicht unbewusst dafür sorgen, nicht auf den Berg steigen zu müssen. Er lässt damit etwas geschehen, was ihn vom Bergsteigen abhalten lässt, wie z.B., er verletzt sich oder wird krank oder er erfindet eine Notlüge. Hätte er aber seinem Freund gleich von Anfang an zu verstehen gegeben, dass er mit ihm den Berg aus diesen oder jenen Gründen nicht besteigen will, hätte er sich Vieles ersparen können. Er hätte weder seinem Freund noch sich selbst etwas vormachen müssen. Außerdem hat er sich nicht überzeugen können, ob sein Freund ein wirklicher Freund ist. Schließlich kann man von einem Freund erwarten, dass er wegen einem Nein, sofern dieses nicht gegen ihn gerichtet ist, nicht gerade die Freundschaft kündigt.

Selbst dann, wenn es zu der Bergbesteigung kommt, kann es passieren, dass sich der Freund mit der Haltung A auf dem Weg zum Gipfel verletzt, dass er Blasen an den Füßen bekommt oder dass sonstige unangenehme Dinge auf ihn zukommen. Jedenfalls werden es Dinge sein, die demjenigen mit der Haltung A oder vielleicht auch beiden zu verstehen geben, dass die Bergbesteigung halt nicht dessen Ding ist. Derjenige mit der Haltung A hat sich selbst verleugnet, weil er nicht nur seinem Freund, sondern auch sich selbst unehrlich war. Außerdem hat er nicht erfahren, ob sein Freund auch ein wirklicher Freund ist. Hinzu kommt, dass er etwas unterlassen hat, was ihm dienlicher gewesen wäre. Stattdessen hat er eine Erfahrung gemacht, die für ihn und vielleicht auch für seinen Freund bitter war.

Die Nebenerscheinungen einer solchen Unternehmung sind Zeichen, die interpretierbar sind. An ihnen können wir erkennen, ob sich eine Sache lohnt oder nicht. Insbesondere dann, wenn die unangenehmen Dinge zuhauf auftreten, ist das Vorhaben zu überdenken. Es wird jedenfalls viel Kraft vonnöten sein, das

Vorhaben dennoch zu Ende zu bringen. Und ob wir dabei etwas gewonnen haben, ist fraglich.

Tendenzmäßig ist zu sagen, dass Unternehmungen in Verbindung mit der Mitwelt dann am fruchtbarsten sind, wenn das Gesetz des Energie-Minimalismus nicht verletzt wird. Selbstverständlich ist es nicht immer leicht, zu erkennen, welcher Weg mit dem geringsten Widerstand verbunden ist. Aber hierzu gibt es eine Faustformel: ***Ist deine Hingabe in Bezug auf ein bestimmtes Vorhaben klein und der Widerstand groß, ist es besser, eine andere Möglichkeit der Aktion zu wählen oder andere Dinge stattdessen zu tun.*** Aus Zwängen, aus Ängsten oder aus sonstigen Motiven heraus mögen wir uns vielleicht veranlasst sehen, diese Dinge doch zu tun. Doch wird in jeder Situation immer die Frage gegeben sein, ob es nicht doch auch einen anderen Weg, ein anderes Mittel oder gar ein anderes Ziel gibt, für die wir uns entscheiden können.

Die Hingabe ist klein, wenn z.B. die Begeisterung gering ist, keine große Lust vorhanden ist, wir nicht so richtig mit dem Herzen dabei sind oder wir von dem Vorhaben nicht viel versprechen. Der Widerstand kann sich in vielerlei Gestalt zeigen, wie z.B.:

- das Vorhaben funktioniert nicht oder nur sehr schwer
- die Mittel sind nicht die richtigen Mittel (Unverhältnismäßigkeit)
- es unterlaufen uns zuhauf Fehler
- die Gefahrensituationen häufen sich
- es kommt zu Unfällen und Schäden
- der Körper widersetzt sich (Kopfschmerzen = wir zerbrechen uns über ein Problem den Kopf), Körper verletzt sich oder wird krank (will uns von etwas abhalten)
- Der andere zeigt seinen Widerwillen oder macht Gegenvorschläge oder ermahnt uns.

Insbesondere dann, wenn sich viele Widerstände häufen und die Dinge nicht so funktionieren, wie wir sie haben wollen, sind sie uns ein Warn-Zeichen. Das

Warnzeichen will uns auf eine andere Problemlösung oder auf andere Dinge, die stattdessen gemacht werden können oder sollten, hinweisen. Strotzen wir aber vor Energie und ist dieses Vorhaben für uns trotz Widerstand dennoch eine Herausforderung, sollten wir am Ball bleiben. Dann ist die Hingabe groß. Die Unternehmung wird sich jedenfalls gelohnt haben. Selbst dann, wenn das Vorhaben nicht funktioniert hat, sind wir wenigstens um die Erfahrung reicher geworden, dass diese Methode nicht die richtige ist. Schließlich kann die Kenntnis darum, dass etwas nicht geht, uns dienlich sein, es auf diese Weise nicht nochmals zu versuchen. Wir können diese Methode abhaken und uns frei für neue Dinge und Ideen machen. So haben wir, sofern wir aus Fehlern lernen, langfristig gesehen auch Energie und Zeit eingespart.

5. Fazit des Kapitels I.

Das Leben lehrt uns, dass wir am besten fahren, wenn wir einen Weg des Miteinanders und Füreinander gehen. Dabei brauchen wir an Gott nicht zu glauben. Und die Frage, ob es nach dem Tod des Körpers weitergeht oder nicht, ändert diese Tatsache auch nicht. Sofern es nach dem Tod des Körpers weitergeht und wir damit unsterblicher Geist sind, führt der Weg mit hoher Wahrscheinlichkeit zu Gott. Schließlich führt dann die Erfahrung bei jedem früher oder später zu der Erkenntnis, dass der Weg des Miteinanders und Füreinander der beste Weg überhaupt ist.

Warum hat nicht jeder diese Erkenntnis? Wer die Welt oberflächlich betrachtet und nicht wirklich auf den Grund geht, läuft Gefahr, zu Ergebnissen zu kommen, welche die rechtmäßige Gesetzmäßigkeit der Weltverhältnisse falsch wiedergeben. Und weil es Viele sein können, die die Welt oberflächlich betrachten, kann der Eindruck erweckt werden, dass die Vielen richtig liegen.

Wenn Menschen über Leichen gehen oder sich auf sonstige Weise durchs Leben mogeln und dabei den Eindruck vermitteln, sie hätten damit ein glücklicheres Los gezogen, ist dies ein trügerischer Eindruck. Denn wer etwas tut, was andere verletzt oder ausbeutet, kann nicht ohne Schuld leben. Und ein Schuldgefühl ist nicht gerade ein gutes Lebensgefühl, auch wenn es oberflächlich gesehen anders aussehen mag. Wenn es Menschen oberflächlich gut zu gehen scheint, kann es in deren Innern ganz anders aussehen. Doch weil wir das Innen nicht sehen und stattdessen auf das Äußere schauen, bekommen wir möglicherweise ein falsches Bild. Das falsche Bild verführt uns zu falschen Schlüssen.

Unabhängig davon, wo wir gerade stehen oder welche Gebrechen wir vorzuweisen haben, haben wir immer zwei Wahlmöglichkeiten. Entweder wir isolieren uns noch mehr von unserer Mitwelt oder wir verbinden uns mit ihr. Die Verbindung macht uns glücklicher, während die Isolation uns noch unglücklicher macht.

Ein Mensch, der so stark in der geistigen Verstrickung ist, dass er wie gelähmt ist und somit momentan keine Möglichkeit hat, zwischen den beiden Wegen zu wählen, wird sich hier nicht angesprochen fühlen. Doch dies ist kein Beweis dafür, dass ein Weg des Miteinanders und Füreinander nicht besser ist als ein Weg der Isolation. Denn jemand, der keine Wahlmöglichkeit hat, wird weder den einen Weg noch den anderen im Visier haben. So also stellt sich für ihn nicht unbedingt die Frage. Und doch ist die Frage offen, ob ein solcher Mensch nicht doch auch diese Wahl-Möglichkeit hat, sei es auch nur in subtiler (kaum wahrnehmbarer) Weise. Denn warum sollte ein stark hilfsbedürftiger Mensch nicht verspüren können, wenn er von anderen liebevoll gepflegt wird, dass es einfach guttut, nicht alleine zu sein? Desgleichen ist die Frage offen, ob ein geistig gelähmter Mensch nicht doch irgendwann wieder die Möglichkeit hat, sich selber aus seiner geistigen Lähmung zu befreien, wenn es nach dem Tod des Körpers weitergeht.

II: Einfluss des Geistes auf Materie.

1. Experimente und sonstige Nachweise.

In diesem Kapitel seien bekannte Experimente aufgeführt, die darauf hindeuten, dass Geist Materie beeinflussen kann. Die Experimente bzw. Versuchsaufbauten, die den Einfluss des Geistes auf Materie begründen, sind unter anderem wie folgt:

* Roboter-Küken-Experiment, bei dem gezeigt wird, dass ein Küken einen Roboter dazu bringt, sich in seiner Nähe aufzuhalten, obwohl der Roboter so programmiert ist, dass seine Wege dem Zufallsprinzip unterliegen: https://www.youtube.com/watch?v=M0cURvVvBew),
* Epigenetik: ‚Der Geist ist stärker als die Gene', Bruce Lipton: https://www.youtube.com/watch?v=HLJWj_hNki4
* Epigenetik, Wasser- und Reisexperimente von Masaru Emoto, Placebo-Nocebo-Effekt: https://www.youtube.com/watch?v=livLliVWWoY
* Pflanzen-Experiment: Dr. Cleve Backster: https://dieter-broers.de/unsere-gedanken-sind-nicht-in-unserem-kopf-begrenzt/
* Carpenter Effekt (Laut Wikipedia ein Phänomen, dass das Sehen einer bestimmten Bewegung sowie - in schwächerem Maße - das Denken an eine bestimmte Bewegung die Tendenz zur Ausführung ebendieser Bewegung auslöst: https://www.hypnoseausbildung-seminar.de/hypnoseinfo/hypnoselexikon/carpenter-effekt.html
* Nachweise dafür, dass Bewusstsein und die physische Welt einander bedingen: https://transinformation.net/wissenschaftliche-studien-die-beweisen-dass-bewusstsein-und-die-physische-welt-einander-beeinflussen/
* PEAR - PSI Research at Princeton University, Einfluss des Geistes auf Maschinen: https://vimeo.com/4359545
* **Die Experimente von Dr. William A. Tiller.** Dr. Tiller, emeritierter Professor für Materialwissenschaft und Werkstofftechnik an der Stanford University, hat Geistesphänomene untersucht. Seine Experimente haben

gezeigt, dass Menschen den pH-Wert von Wasser bewusst (mental) erhöhen oder senken können. Der pH-Wert stieg oder sank entsprechend dieser Absichten um einen pH-Wert von bis zu 1,5.

* **Das Doppelspaltexperiment erneut aufgegriffen.** Dean Radin ist Chef-Wissenschaftler am IONS (Institute of Noetic Science, gegründet von Astronaut Edgar Mitchell) und Mitglied der Fakultät für Zusatzwissenschaften in der Abteilung für Psychologie der Sonoma State University. Er untersuchte am Doppelspaltexperiment die Möglichkeit des Einflusses des Geistes auf Materie. Radin richtete die hierfür vorgesehene Apparatur in einem von elektromagnetischen Signalen und physikalischen Vibrationen abgeschirmten Raum ein. Die Probanden stellten sich vor, dass sie ihren Geist in die Kiste legen und zusehen, wie die Photonen durch die Schlitze gehen. Es konnte gezeigt werden, dass die Probanden aufgrund ihrer mentalen Vorstellungen eine signifikante Verschiebung vom erwarteten Wellenmuster herbeiführen konnten. Dies äußerte sich dadurch, dass viele Partikel beobachtet werden konnten, obwohl nur Wellen aufgezeichnet werden sollten. Es war bezeichnend, dass erfahrene Meditierende die Verschiebung besser bewirken konnten als Nicht-Meditierende.
* **Das Experiment der Absicht:** Mit einer empfindlichen Kamera ist zu beobachten, dass alle Lebewesen sogenannte Biophotonen emittieren. Dr. Gary Schwartz von der *University of Arizona* führte ein Experiment durch, das zeigte, dass das Blatt einer Pflanze, das die Absicht der Menschen erhielt, viel heller glühte als das Blatt, das keine Absicht erhielt. Dieses Experiment wurde viele Male erfolgreich wiederholt. Ein weiteres Experiment: Eine große Anzahl von Menschen in Australien sandte mental Energie an die Samen einer Pflanze aus. Das damit aufgeladene Saatgut wuchs tatsächlich schneller. In einem der Experimente wurden die Samen sogar doppelt so groß wie die Kontroll-Samen. Solche oder ähnliche Experimente, die alle den Einfluss des Geistes auf Materie demonstrieren, wurden mit vielen großen Gruppen auf der ganzen Welt wiederholt.
* **Das Global Consciousness Project (GCP).** Das Global Consciousness Project, das seit fast 20 Jahren besteht, untersucht die Auswirkungen der Ge-danken und Gefühle der Menschen auf der ganzen Welt, wenn sie die

gleichen Dinge denken und fühlen. Derzeit gibt es an 70 Standorten auf der ganzen Welt Zufallszahlengeneratoren (Random Number Generators, RNGs), die Sequenzen unvorhersehbarer Einsen und Nullen erzeugen. Wenn größere Ereignisse eintreten, wie der 11.September 2001 (Anschlag World Trade Center) oder der Tod von Prinzessin Diana, erscheinen die Zahlen in den Zufallsgeneratoren nachweislich nicht mehr zufällig. So liegt die Wahrscheinlichkeit bei eins zu einer Milliarde, dass die diesbezüglichen Ergebnisse auf Zufall beruhen.

* **Mental-Training zur Leistungssteigerung.** Es ist allgemein bekannt, dass mentales Training im Wettkampfsport immer mehr an Bedeutung gewinnt, weil dadurch eine nicht unerhebliche Leistungssteigerung erzielt werden kann. Unter anderem können Menschen ihre Muskeln gezielt durch die Kraft des Denkens wachsen lassen.
  https://www.newscientist.com/article/dn1591-mental-gymnastics-increase-bicep-strength/,
  https://www.ncbi.nlm.nih.gov/pmc/articles/PMC3783980/

Es ist auch nicht notwendigerweise so, dass wir auf die Wunderwerke Jesu hinweisen müssen, um die Macht des Geistes bezeugen zu müssen. Immer mehr Menschen bezeugen, dass sie über geistige Kräfte verfügen können, die sich mithilfe materieller Gesetze nicht erklären lassen. Beispiele hierfür sind:

Körperbeherrschung. Besonders begabte Menschen, wie z.B. Yogis, sind fähig, eine gezielte Regulierung der Organe wie z.B. Herzschlag oder Regulierung der Körpertemperatur zu erwirken.

Physiologische Veränderungen unter Hypnose. Was Yogis können, können auch normale Menschen tun, wenn sie sich z.B. unter Hypnose begeben können. Unter Hypnose sind wir fähig, die Muskelspannung, die Herzfrequenz, den Blutdruck oder/und den Stress-Hormonspiegel zu senken oder zu erhöhen.

Fähigkeiten bei spontanen Handlungen. In Momenten, in denen wir nicht nachdenken, kann es passieren, dass wir ein Auto mit bloßen Händen hochheben können, um jemand darunter zu befreien. Über solche und andere Dinge wird in der Welt immer wieder berichtet.

Spontan-Heilungen. Hin und wieder passiert es, dass Menschen z.B. nach einem Todesurteil eine Spontan-Heilung erfahren.

Über glühend heiße Kohlen gehen. Im Jahr 2001 stellten 22 Menschen im Alter von 7 bis 80 Jahren einen Guinness-Rekord auf, indem sie einen Glutteppich von 111 Metern unversehrt überschritten. Dieser Weltrekord ist nach Berichten am 13. März 2003 in La Balmondière, in der Nähe von Mâcon in Frankreich auf 222 Meter verbessert worden. Dabei sollen die 16 Teilnehmer keine größeren Verletzungen davongetragen haben. Am 22. März 2003 wurde in St. Lorenzen (Österreich) der Weltrekord in dieser Disziplin auf 250 Meter verbessert. Jetzt kann man sich fragen, wie ohne eine gute mentale Vorbereitung so etwas überhaupt möglich sein kann?

Über längere Zeit ein Eisbad nehmen. Wim Hof, einem niederländischen Extremsportler war es möglich, eine Stunde, 52 Minuten und 42 Sekunden bis zum Hals in Eiswasser zu stehen. Auch kann er andere Dinge tun, die sich mit dem reinen Materialismus nicht erklären lassen:
https://de.wikipedia.org/wiki/Wim_Hof

Die Tagesplanungen und Haushaltsplanungen. Selbst die Tages- und Haushaltsplanungen sind ein Stück weit Versuche, um unser Schöpfungs-Naturell auszuleben. Das Prinzip ist, sich das Ergebnis so vorzustellen bzw. schriftlich so festzuhalten, wie man es haben will. Man tut so, als ob es bereits geschehen ist. Sodann richtet man sein Leben oder die Aktivitäten auf dieses Ergebnis aus, bis man es erreicht (geschaffen) hat.

Auf die Macht der Gedanken wird schon seit Jahren in den Verkaufs- und Managementschulungen hingewiesen. Die Macht der Gedanken ist auch das Leitthema des Films ‚The Secret', in welchem Wissenschaftler verschie-

denster Fachrichtungen zu Wort kommen. Hier kommt deutlich zum Ausdruck, dass wir die Schöpfer unserer Situationen sind. Vielleicht noch ein Hinweis auf ein Buch, in welchem der wissenschaftliche Beweis für die Selbstheilungskräfte erbracht wird.
https://www.amazon.de/Mind-over-Medicine-Wissenschaftliche-Selbstheilungskraft/dp/3466345979

All diese erwähnten Erfahrungen lassen den Einfluss des Geistes auf die Materie beobachten. Ausgehend von der Tatsache, dass immer mehr Experimente den Einfluss des Geistes auf die Materie belegen, haben wir eine erste Annahme/ Aussage darüber, was Leben ist. Was lebt, kann gezielt oder bewusst beeinflussen: 1. Grundprinzip des Lebens. Die oben ge-nannten Studien und Experimente zeigen den Einfluss des menschlichen Geistes auf Wasser, Nahrung, Pflanzenwachstum und andere Dinge und wie der Tiergeist (Küken) einen Roboter beeinflusst.

Nichts desto trotz, ist das Körper-Bewusstsein einer irdischen Seins-Form nur ein kleiner Aspekt des Geistes insgesamt, den wir in der folgenden Studie besser kennenlernen werden. Während das Körper-Bewusstsein materielle Dinge oder Energie nur begrenzt lenken kann, ist der Geist (der höheren Ordnung) in der Lage, Materie unbegrenzt herbeizuführen, aufrechtzuerhalten, zu steuern und aufzulösen. Das Körperbewusstsein (Verstand) ist ohne die höheren Geist-Aspekte nicht in der Lage, Materie zu manifestieren oder aufzulösen.

2. Fazit des Kapitels II.

Wenngleich der immaterielle Geist direkt nicht feststellbar ist, ist sein Einfluss auf Materie nachweisbar. So zeigen immer mehr Experimente und Studien den Einfluss des Geistes im Menschen und im Tier auf Wasser, Nahrung, Pflanzenwachstum, Maschinen und andere Dinge auf.

III. Unsere geistige Herkunft und was dies für uns bedeutet.

Hinweis: In diesem Abschnitt kristallisiert sich heraus, worauf unsere wahre Unabhängigkeit fußt.

Wir leben in einer Zeit, in der immer mehr Menschen die Dinge hinterfragen und den Verantwortlichen (Politikern, Ärzten, Lehrern, ...) nicht mehr blindlinks glauben wollen. Es ist aber auch eine Zeit, in der immer mehr Menschen in die Resignation gehen. Sie wissen, dass es wie bisher nicht wirklich weitergehen kann, wissen aber nicht, wie dies möglich sein könnte. Die Ärzte sind mit der Pharmaindustrie ‚verheiratet', die Politiker stehen unter dem Druck der Lobby-Verbände, die Journalisten berichten, was man hören oder lesen soll, ohne in die Neutralität zu gehen. Dann hört man auch von einer gewissen Elite, die die Weltherrschaft übernehmen will und die durch ihren Einfluss das System so beeinflussen soll, dass all jene, die dieses System mittragen, dieser Elite zuarbeiten. Wer da nicht mitspielt, verliert seinen Job oder wird diffamiert oder in irgendeiner Weise in eine Ecke gedrängt. Es scheint ein Teufelskreis zu sein, der nicht zu brechen ist. Da kann man ja fast nur resignieren, frustriert sein und berechtigte Sorgen sowie Ängste zum Ausdruck bringen. Selbst der Glaube an Gott scheint da nicht viel weiterzuhelfen. Ist das wirklich so? Gibt es keine Alternative?

Um dieser Frage nachzugehen, kommen wir nicht umhin, auf die tieferen Ursachen des Weltproblems einzugehen sowie auf die energetischen Hierarchien und auf die Quelle der Macht.

1. Die Hierarchien (Puppenspieler).

Mittlerweile ist die Physik zu der Erkenntnis gelangt, dass es nicht nur die Materie allein gibt. Dabei kommt sie zum Ergebnis, dass Materie in der Menge nur zu etwa 4 % Anteil am Universum hat. Der große Rest besteht aus dunkler Materie und dunkler Energie. Hier nun die Anteile, wie sie von der Physik postuliert werden:

- **Materie: ca. 4% (direkt feststellbar)**
- **Dunkle Materie: ca. 23 % (indirekt feststellbar)**
- **Dunkle Energie: ca. 73 % (indirekt feststellbar)**

Dunkle Materie und dunkle Energie sind physikalisch zwar nicht direkt sichtbar. Aber deren Einflüsse sind über die Beobachtung feststellbar. Und wenn die Physik fordert, dass dunkle Materie und dunkle Energie aufgrund der Beobachtung existieren müssen, bestätigt sie letztendlich das, was die Spiritual-Wissenschaften schon längst sagen. Sie sagen nämlich, dass der Mensch nicht nur aus einem physischen Körper besteht, sondern auch über höhere feinstoffliche Körper verfügt. In Bezug auf unser Weltensystem bedeutet dies, dass es sich grob in zwei Teile aufgliedern lässt: in Diesseits (sichtbar) und Jenseits (unsichtbar).

Die beiden Weltenteile lassen sich weiter unterteilen, wobei wir sie wie die Stockwerke eines Gebäudes in mehrere Etagen (Ebenen) einteilen können, um eine Metapher zu nennen. Diese Stockwerke haben in dieser Metapher jedoch keine räumliche Anordnung, sondern eine rein energetische Anordnung. Dies können wir in etwa wie folgt vor Augen führen: Unsere Materiebausteine bestehen zum größten Teil aus Protonen und Neutronen. Damit ergibt die materielle Welt eine Ebene der Protonen- und Neutronen-Schwingungen. Neutronen und Protonen ihrerseits bestehen aus höherschwingenden Quarks.

Die Quarks ergeben zusammen die Ebene der Quarkschwingung, wobei wir hier nur die Lupe, nicht aber den Ort der Betrachtung, verändert haben. Je nach Lupe (Energie) sehen wir am selben Punkt der Raum-Zeit entweder Protonen/Neutronen oder Quarks.

Würden wir die Quarks ebenfalls näher untersuchen können, würden wir vermutlich feststellen, dass auch die Quarks Verdichtungen von noch höheren Energie-Schwingungen sind, die wir Ätherschwingungen nennen können. Analog dazu wären die Ätherschwingungen fundamentaler als die

Quarkschwingungen. Die Ätherschwingungen würden wir sehen, wenn wir die Lupe an den Quarks noch größer machen würden (noch höhere Energie); und dies wiederum am selben Ort. Derzeit ist es den Physikern nicht möglich, solch hohe Energien in ihren Elementarteilchen-Beschleunigern erzeugen zu können, um die Ätherschwingungen nachzuweisen. Ebenso können die Schwingungen des Äthers bislang durch keine technischen Geräte direkt registriert werden. **Aber sie und noch höhere energetische Schwingungsebenen können von besonders begabten Menschen wahrgenommen werden.**

Dafür, dass unser Universum vermutlich höhere Schwingungsebenen hat, gibt es viele Indizien. So kennen wir z.B. Begriffe wie "Oberwelt" oder "Unterwelt(en)" in religiösen Schriften und/oder Märchen sowie die Aussage, dass Gott als unsere Lebens-Basis aufgefasst wird. Gott könnte daher als höchster Seins-Zustand der höchsten Schwingungsebene angesehen werden. Nicht zuletzt lässt sich dieser Gedanke mit den Branen-Modellen der Physik sehr gut in Einklang bringen, wonach auf dem äußersten Rand der 5-dimensionalen Kugel (Blase) die Schwingungsebene der Materie angesiedelt ist. Das Universum im Gesamten würde hier diese 5-dimensionale Kugel (Blase) repräsentieren, die im Innern mit Energie gefüllt ist.

Die weiteren Ebenen dieser Kugel können wir uns als Kugelschalen vorstellen, welche innerhalb der äußersten Kugelschale gelegt sind, wobei die physische Ebene die äußerste Kugelschale darstellt. Nach innen hin werden die Ebenen in den Energien immer höher. Dies heißt, dass die Dimension, die in Richtung Kugelzentrum gerichtet ist, keine räumliche Dimension ist, sondern eine Art Frequenzdimension oder spirituelle Dimension (Geistdimension). Je weiter wir in die Ebenen bewusstseinsmäßig nach innen gelangen, desto spiritueller werden wir oder mit desto höheren Energien (Frequenzen) haben wir es hierbei zu tun. Nach innen hin werden diese Ebenen immer lichtartiger. Ganz im Innern ist das Licht des Geistes, das wir als vollkommen reine Energieschwingung auffassen können.

Durch die selektive Auswahl bei der Energieerzeugung (in der Physik) oder durch das selektive Einschwingen des Spirituellen auf eine bestimmte Schwingungsebene können wir uns die entsprechenden Schwingungsebenen herausfiltern und kategorisieren. Durch die Kategorisierung werden diese Ebenen gedanklich getrennt. Sie können energetisch unterteilt werden, ohne dass es eine räumliche Unterteilung gibt. Die Schwingungsebenen unseres Universums lassen sich nun grob in drei Teile kategorisieren:

1. **Geistige Ebenen (Teil des Unsichtbaren, welcher der Ordnung, Führung und Schöpfung fähig ist).**
2. **Weitere feinstoffliche Ebenen (Teil des Unsichtbaren), die quasi die Aura des Menschen ausmachen.**
3. **Grobstoffliche Ebene (das Sichtbare), welche die energetisch niedrigste Ebene im Universum ist.**

Die Hierarchie

Oben: ↓ **Geistige Ebene(n)**
Unten: **materielle Ebene**

Dazwischen könnte grob gesagt der seelisch feinstoffliche Bereich angesiedelt sein (-> Dreieinheitsgedanke).

Um die **Hierarchie** zu unterstreichen, bringen wir den Dreieinheitsgedanken in die richtige Reihenfolge: Geist, Seele, Körper:

1. **Geistiger Bereich des Universums (oberste Ebene(n) im Universum)**
2. **Seelisch feinstofflicher Bereich des Universums (mittlere Ebene(n) im Universum)**
3. **Körperlicher Bereich des Universums (unterer Bereich des Universums)**

Veranschaulichte Begründung der Hierarchie:

1. **Dasjenige, was die Fäden des Sichtbaren in der Hand hat (Theaterspieler des Puppentheaters)**
2. **Dasjenige, was quasi die Fäden sind (Fäden der Puppen)**
3. **Die Puppen (sie selbst sind ohne den Spieler nur tote Marionetten)**

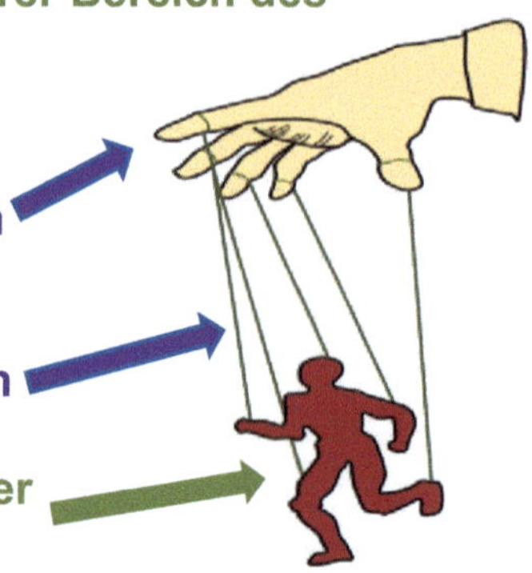

Die Einteilung in diese drei Bereiche könnte auch etwas mit den Aspekten Körper, Seele und Geist zu tun haben. Damit können die **hierarchischen Zusammenhänge,** wie in obiger Skizze aufgeführt, veranschaulicht werden. Demnach ist es denkbar, dass wir als Geist die Fäden allen Geschehens in der Hand haben, wenn auch zum großen Teil in unbewusster Weise. Zu den Indizien, dass der Geist Materie beeinflusst, finden sich am Ende des Buches die Quellenangaben 1-8.

Weil die Ebenen unseres Weltensystems energetisch nach oben hin (bzw. in der Blase der Branen-Modelle nach innen hin) vermutlich immer fundamentaler werden, ist eine klare Hierarchie zu verzeichnen, die dem Ursache-Wirkungs-Pfeil eine Richtung aufprägt, die energetisch nach unten zeigt. Weil diese Ebenen an jedem Punkt der Raum-Zeit zugleich vorhanden sind, sind auch Ursache und Wirkung zeitgleich vorhanden. Hier haben wir also keine raumzeitliche Trennung von dem, was Ursache ist und dem, was Wirkung ist, wie es in den bisherigen etablierten Modellen der Wissenschaften der Fall ist.

Weiterführende Erkenntnisse:

- Derjenige Teil des Unsichtbaren, der intelligent ist und Schöpfereigenschaften hat, wird gemeinhin Gott oder Geist genannt. In anderen Ländern wird dieser Geist Buddha, Allah, Brahma oder anders genannt.
- Bislang hat vielfach der Glaube bestanden, dass dieser Geist etwas ist, das über uns steht oder getrennt von uns ist und dass wir selbst vollkommen machtlos sind.
- Da wir intelligent sind und mit Eigenschaften ausgestattet sind, die etwas mit **Schöpfung**, **Lenkung**, **Beeinflussung** oder **der Ordnung fähig** zu tun haben, sind wir von unserem ureigenen Wesen her ebenso Geist (Art Kinder des Geistes oder Kinder Gottes). Begründung: Kinder müssen wie die Eltern sein, da die Eltern ihren Kindern die Fähigkeiten weitergeben, die sie selbst haben. Und so gibt der Schöpfer die Schöpfergabe an seine Kinder weiter.
- Damit müsste uns klar sein, dass wir doch nicht so machtlos sind, wie uns teilweise die Religionen und die **Wissenschaften** bislang mit ihren

Grundannahmen glauben machen wollten (nicht **Geist ist Produkt der Materie,** sondern **Materie ist Produkt des Geistes**).
- Unsere Gedanken, Gefühle und Überzeugungen haben wohl doch mehr Einfluss auf unser Leben, als uns bislang gelehrt wurde (Placebo, Nocebo, Hypnose-Phänomen, Epi-Genetik, Mentaltrainings, ...).

2. Energie folgt der Aufmerksamkeit.

Es ist ein geistiges Prinzip, dass Energie immer unserer Aufmerksamkeit folgt. Dies liegt einfach daran, dass wir geistige Wesen sind und dass unsere Gedanken Schöpferkraft haben.

a. Wir stehen irgendwo zwischen HIMMEL (höchste Seins-Ebene) und Erde. Dies ist vergleichbar mit einem Mischwasser, das aus der Mischung von heißem und kaltem Wasser besteht. Das Mischwasser nimmt eine Temperatur dazwischen an. Ähnlich ist es mit uns, die wir unsere Gedankenschwingungen an die Materie gebunden haben, aber dem Geist angehören, der im HIMMEL zuhause ist. Die Schwingungen der Materie sind unten (niedrig). Die Schwingungen des HIMMELS sind oben (hoch). Und weil wir mit beiden Ebenen verbunden sind, liegen die Schwingungen unseres Seins dazwischen.
b. Je nach Aufmerksamkeit bleiben wir an der Materie gebunden oder tragen wir an der Befreiung unseres Geistes bei.
c. Einige Wenige, die das System in der Hand haben, wollen, dass wir in der geistigen Dumpfheit (geistige Umnachtung) verweilen, um uns beherrschen zu können. Sie lullen uns einerseits mit Smartphone, Fernsehen und sonstigen Zerstreuungen ein und schüren Existenzängste sowie Ängste vor Umweltkatastrophen, Klimawandel, Pandemien (Vogelgrippe, Schweinegrippe, Corona) andererseits. Sie sind dafür verantwortlich, dass wir immer mehr mit Umweltgiften in der Nahrung, mit Elektrosmog und anderen schädlichen Strahlungen (5G) konfrontiert werden, indem sie uns glauben machen, dass wir 5G brauchen und dass

Herbizide sowie Pestizide die besten Alternativen im Kampf gegen die scheinbar zerstörerischen Einflüsse im landwirtschaftlichen Bereich sind. Anstatt dass sie wirklich das Wohl der Menschen anstreben, tun sie alles Mögliche, um unter einem falschen Deckmantel (unter falscher Flagge) die Freiheit der Menschen so gut es geht, einzuschränken. Sie erzählen dir nicht, dass Du über Selbstheilungskräfte und über einen gewissen Grundschutz aufgrund deiner Göttlichkeit verfügst.

d. Da wir von Natur aus Geist sind und wir uns über alle materiellen Gesetze erheben können, gibt es Wege aus diesem Dilemma.
e. Diese Wege aufzuzeigen, ist das Ziel dieser Ausarbeitungen.

In Kapitel I haben wir darüber gesprochen, dass wir immer nur zwei Möglichkeiten der Wahl in der Art haben, dass wir uns sowohl für das Leben als auch gegen das Leben stellen können. Je nachdem, auf was wir unsere Aufmerksamkeit lenken, werden wir energetisch entweder heruntergezogen oder energetisch angehoben. Ein Weg der Vergebung, des Miteinanders, des Füreinander, des Glaubens, der Hoffnung und der Liebe hebt uns nach oben. Weil dieser Weg zugleich im Einklang mit dem Leben steht, heilt er nach und nach alles aus, was mit irgendwelchen Krankheiten und Problemen zu tun hat. Der gegenteilige Weg zieht uns nach unten, was mit gesundheitlichen Problemen und sonstigen Problemen einhergeht.

3. Die Quelle der Macht.

In dieser Studie (siehe insbesondere Band 2) kommen wir klar zum Ergebnis, dass Materie ein Produkt des immateriellen Geistes ist. Dieser allein ist der Lenkung, der Schöpfung sowie der Macht fähig.

Wir alle sind Kinder des immateriellen Geistes.
Weil der immaterielle Geist der Schöpfung fähig ist, sind auch seine Kinder Schöpfer bzw. der Schöpfung fähig.
Was Schöpfer ist, hat Macht. Somit sind wir nicht wirklich ohnmächtig.

Momentan scheint es so zu sein, dass es im Großen und Ganzen sozusagen den Bach hinuntergeht. Während es global gesehen den Bach hinuntergeht, ist zu beobachten, dass dies nicht für alle Menschen zutrifft. Denn es gibt immer irgendwelche Menschen, die einen Aufwärts-Trend in ihrem Leben erfahren. Dies heißt, dass es prinzipiell jedem Menschen möglich ist, so er über einen gesunden Menschenverstand verfügt, sich einem allgemeinen Trend widersetzen zu können. Der Grund liegt darin, dass wir als Kinder des Geistes (Kinder Gottes) der Macht fähig sind.

4. Was heißt es, Kind des Geistes zu sein?

Bislang sind die etablierten Naturwissenschaften davon ausgegangen, dass Materie wie aus dem Nichts entstanden ist und dass das irdische Leben nach dem Zufallsprinzip daraus hervorgegangen ist. Demnach sind wir so etwas wie Kinder der Materie, wobei unser Geist demzufolge als materiell angesehen werden muss.

In dieser Studie wird auf nachprüfbare Experimente hingewiesen, dass wir Menschen über mentale Kräfte verfügen, die Materie beeinflussen. Weitere logische Sachverhalte, die ich im Detail anbringe, weisen darauf hin, dass unser Geist nicht materiell sein kann, weil Materie an sich nicht fähig ist, sich zu organisieren oder eine andere Materie gezielt beeinflussen zu können. Ich liefere stichhaltige Argumente dafür, dass Materie aus etwas hervorgegangen ist, was wir als Geist definieren. Der Geist seinerseits ist also nicht materiell. Er ist immateriell, wobei unser Verstand dem immateriellen Geist angehört.

In der letztendlichen Konsequenz müssen wir fordern (postulieren), dass Materie nicht aus dem Nichts hervorgegangen sein kann, sondern dass sie ein Schaffens-Produkt des Geistes ist. Wir, die wir dem Geist angehören, sind also nicht Kinder der Materie, sondern Kinder des Geistes. In den westlichen Religionen wird auch von Kinder Gottes gesprochen, wobei wir auch auf die Frage eingehen, was Gott ist oder sein könnte.

Frage: Wenn wir Kinder des Geistes sind und daher auch der Macht fähig sein sollen, warum nehmen wir unsere geistige Macht/Kraft nur bedingt oder manchmal überhaupt nicht wahr?

5. Die Macht der Gedanken.

Unsere geistigen Kräfte wirken immer, selbst wenn wir dies uns nicht bewusst machen. Wir können die geistigen Kräfte eines sich im Zwiespalt befindlichen Menschen (unerlöster Mensch) mit einem bestimmten Ochsengespann vergleichen. Dieses Gespann besteht aus zwei Ochsen, wobei der eine Ochse vorne an einem Wagen zieht und der andere hinten. Es wirken zwar enorme Kräfte, aber in der Summe verpuffen sie. Der Wagen rührt sich nicht von der Stelle, weshalb der Eindruck erweckt wird, es wirken keine Kräfte. So auch ist es mit dem unerlösten Menschen, der Gedanken zweierlei Typs in Bezug auf ein bestimmtes Ziel hat: positive und negative Gedanken. Die einen Gedanken sind auf dieses Ziel gerichtet (ein Ochse vorn) und die anderen Gedanken gegen das Ziel (der andere Ochse hinten).

Da wir über ein großes Gedankengut verfügen, können wir unsere Gedanken ebenso mit Leuten vergleichen, die an einem Tauzieh-Spiel beteiligt sind. Solange unsere Gedanken, Gefühle, Überzeugungen, Glaubenssätze und dgl. nicht im Einklang miteinander sind, zeigen sie nicht in eine einzige Wirkungsrichtung, sondern in zwei entgegengesetzte Wirkungsrichtungen, wie folgt:

a. Wenn wir unsere Gedanken genau beobachten, gibt es neben den positiven Gedanken auch negative Gedanken. Selbst wenn wir versuchen, positiv zu denken, kommen wir von den negativen Gedanken oft nicht los. So gesehen gibt es Gedanken in uns, die zur Gesundung beitragen und Gedanken, die zur Erkrankung beitragen. **Es ist dann wie bei dem angesprochenen Tau-Ziehen, bei dem von zwei Seiten**

gezogen wird (es herrschen große Kräfte und doch rührt sich nichts).

b. Beim Placebo-Effekt und in der Hypnose sind negative Gedanken weitestgehend ausgeschaltet, sodass hier Wirkungen erzielt werden können, bei denen keine Gegenkraft wirkt. **Dies entspräche beim Tauziehen demjenigen Fall, bei dem alle an einem Ende ziehen (geht sehr leicht in die gewünschte Richtung).**

c. Um also die geistige Ebene gezielt und effektvoll zur Wirkung zu verhelfen, müssen wir an unseren Gedanken, Gefühlen und Einstellungen arbeiten.

Das Tauziehen

Der Lebenskarren

Gedanken um/des/…
- Krankheit,
- Mangels,
- kämpfen müssen
- funktioniert nicht, weil …
- …

Gedanken um/des/…
- Gesundheit
- genügend haben können
- gegenseitigen Profits
- alles ist möglich
- …

- **Unsere sich widersprechenden Lebenseinstellungen, inneren Programme und Glaubenshaltungen zerreißen uns innerlich (innere Spaltung). Es wirken zwar enormer Kräfte, doch anstatt, dass unser Lebenskarren vorankommen kann, wird an ihm quasi hin- und hergezerrt.**
- **Man müht sich ab, ist ausgelaugt, frustriert und hat letztlich doch nichts erreicht.**

Wir sind über viele Generationen hinweg programmiert,

- dass wir altern
- dass wir sterben müssen
- dass wir essen müssen
- dass uns dies oder jenes schaden könnte
- dass wir kämpfen müssen, um uns behaupten zu können
- dass uns nichts geschenkt wird (müssen gewisse Leistung erbringen)
- dass wir machtlos sind (in dem Sinne auch, dass unsere Gedanken keine Macht hätten)
- ...

Weitere Programme während der Zeit unserer Erziehung:

- Du musst dies oder jenes tun, um liebenswert oder ein wertvoller Mensch zu sein
- Du bist dumm, klein, hässlich, ...
- ...

Alle diese Glaubenssätze sowie Programme wirken in uns und sind maßgeblich dafür verantwortlich, wie sich uns die Situationen zeigen.

Grundproblem: Wir haben bis heute kein wirklich eindeutiges Weltbild und wissen daher nicht, warum die Dinge so sind, wie sie sind. Entsprechend sind wir in unseren Meinungen und Überzeugungen naturgemäß hin- und hergerissen.

Gibt es Lösungen? Mit dem Zulassen der Möglichkeit, dass wir mit unseren Gedanken, Gefühlen, Visionen, Seelenplänen und Überzeugungen die Schöpfer unseres Lebens sind, ist es denkbar, dass wir Lösungen aus dem Dilemma haben. Dazu müssen wir all unsere Gedanken in eine gezielte Wirkungs-Richtung bringen, indem wir einen Einklang mit all unseren Bewusstseinsteilen schaffen. Es ist das Ziehen unseres Lebenskarrens mit all diesen Teilen in eine einzige Richtung (Schaffung des inneren Einklangs).

Es geht also darum, unsere Gedanken zu bündeln - sprich zu konzentrieren. Jeder andere Gedanke, der von diesem Konzentrationspunkt (vom Ziel, auf das unsere Gedanken gerichtet sind) abweicht, wirkt dem Ziel meist entgegen. Der erlöste Mensch hat dann keinen einzigen Gedanken mehr, um irgendein Ziel, das er hat, anzuzweifeln (alle seine Gedanken, Gefühle, Überzeugungen und Glaubenssätze zeigen in eine einzige Wirkungsrichtung). So erfüllt sich das Ziel augenblicklich und ohne jegliche Mühe.

Den Lebenskarren in Fahrt bringen

- Im Lebensstrom schwimmen
- Weg des Vertrauens, des Glaubens, der Hoffnung und der Liebe
- Weg des Miteinanders, des Füreinander und der Integration
- Den inneren Impulsen und Intentionen nachgehen
- Dem inneren Plan folgen
- Im Einklang mit sich und der Welt sein
- Sich des Lebens und seines Schöpfertums erfreuen
- ...

Anmerkungen.

1. **Das Hypnose-Phänomen beruht auf einer bestimmten Programmierung, wobei im Hypnosezustand derjenige Teil unseres Geistes ausgeschaltet wird, der unseren Lebenskarren in die entgegengesetzte Richtung ziehen würde (volle Fahrt, weil keine Gegenkraft).**
2. **Ein Lebensziel könnte also sein, uns nach und nach von allen negativen und hinderlichen Gedanken sowie Gedanken der Ohnmacht und des Kampfes zu befreien (mithilfe obiger Punkte).**

Dass derzeit an immer mehr Menschen geistige Kräfte zu verzeichnen sind, liegt daran, dass diese Menschen an der Entfaltung ihrer Fähigkeiten arbeiten. Wer nichts dahingehend tut, braucht sich nicht zu wundern, wenn sein Leben nicht leichter wird. Stattdessen versucht er, um sich in dieser schnelllebigen und 'harten' Zeit behaupten zu können, seinen Mangel an geistigen Fähigkeiten durch Überanstrengung, Kampf, Hektik und Stress auszugleichen. Damit erschöpft er und resigniert schließlich, weil ihm kaum etwas zu seiner Zufriedenheit gelingen will. Dann ist er leicht dazu geneigt, das Äußere, den Umstand, Gott oder den Teufel oder die Welt für seine Misere verantwortlich zu machen. Er kommt in einen Teufelskreis, aus dem kein Entrinnen mehr möglich zu sein scheint. Ach Mensch, wenn du nur wüsstest, dass du göttlich bist! Dann könntest du dir viel Mühe, viel Ärger und so manch vergeblichen Kampf ersparen.

Diese hier vorliegende Studie zielt darauf ab, erkennen zu lassen, wer oder was wir sind bzw. was in unserer wahren Macht steht. Die Erkenntnisse daraus erlauben Dir, Dich von allem unabhängig und frei zu machen. **Dabei gibt es allerdings einen Haken.** Und dieser ist, dass Du Dich jetzt hinter nichts und niemanden mehr verstecken darfst. Denn jetzt darfst Du niemand anderen und nichts anderes mehr für Dein Leben verantwortlich machen, außer Dich selbst. Schließlich geschieht Dir ja nur, wie es Deinen bewussten und unterbewussten Gedanken in der Summe entspricht. Dies ist das Gesetz 'wie innen, so außen'.

6. Das Prinzip der Macht.

Anhand des vorigen Abschnittes ‚Die Macht der Gedanken‘ haben wir ersehen können, dass Macht damit zu tun hat, dass möglichst viele Gedanken in eine Wirkungs-Richtung weisen. Ein Mensch, der mit allen seinen Bewusstseins-Teilen, über die er verfügt, im Einklang steht, kann Ziele mit Leichtigkeit erreichen. Allerdings wird ein solcher Mensch keine Ziele verfolgen, die etwas mit Egoismus zu tun haben. Jener wird nur solche Ziele verfolgen, die dem Gesamten dienlich sind und die das Gesamte mittragen.

Die Tatsache, dass das Universum so ist, wie es ist, beruht darauf, dass es eine gemeinsame Idee von uns allen ist. Folglich wird es von uns allen mitgetragen. Nur deswegen, dass wir vergessen haben, wer wir sind, kommt es uns so vor, als wären wir teilweise sehr ohnmächtig und nur in sehr geringen Teilen der unterschiedlich starken Macht fähig. ***Wenn es also auf Erden Menschen gibt, die das Geschehen in der Welt sehr stark beeinflussen können, so nur deswegen, weil wir bewusst oder unbewusst deren Einfluss teilen oder in irgendeiner Form mittragen.*** Wir tragen deren Einfluss bewusst oder unbewusst dadurch mit, dass wir uns von ihnen in Angst versetzen lassen und dass wir denken, wir wären selbst machtlos. Solange wir an unsere Ohnmacht glauben, werden wir den Machthabenden nichts entgegensetzen und stattdessen deren Einfluss in irgendeiner Form unterstützen oder mittragen. Entsprechend manifestiert sich dies auf Erden und wir sehen uns von ihnen abhängig.

In Wirklichkeit sind jene <u>nicht</u> mächtiger als wir. Wir alle haben prinzipiell die gleiche Macht.

Ausgehend von der Tatsache, dass es einen Plan gibt, der uns alle in die Selbstermächtigung und in die Befreiung von allen scheinbar irdischen Abhängigkeiten führt, können wir folgendes tun, um in die Selbstermächtigung zu kommen:

b. Wir machen uns immer wieder klar, dass uns nur entsprechend unserer inneren Welt der Gedanken, Gefühle, Vorstellungen, Visionen, Ängste, Befürchtungen und dgl. geschieht.
c. Dies bedeutet, dass wir alles Geschehen, wie wir es wahrnehmen, als das Produkt unserer inneren Welt ansehen. Auch wenn wir im ersten Moment verärgert sind oder uns in Angst versetzen lassen, so erinnern wir uns kurz danach immer wieder an Punkt a), um nicht weitere Gedanken der Ängste, der Sorgen, der Rache und dgl. zu schüren (Vergebung).

d. Wir machen uns bewusst, dass wir Gedanken der Ängste, der Sorgen, der Rache und dgl. durch Gedanken des Vertrauens, der Vergebung und der Liebe ersetzen können. Indem wir jene Gedanken favorisieren und in unser tägliches Leben immer mehr einfließen lassen, werden wir automatisch mit jenen Dingen mehr und mehr konfrontiert werden, die uns erfüllen, die uns Mut machen und an denen wir uns erfreuen können.
e. Wir sind immer wieder bereit, uns von unserer höheren Führung führen zu lassen, indem wir versuchen, auf unsere inneren Impulse zu hören und ihnen in praktischer Weise zu vertrauen (entsprechend handeln).
f. Wir vertrauen darauf, dass wir gut geführt sind und in dem vertrauensvollen Geführt-Sein genau die entsprechenden Impulse bekommen, die unserem Weiterkommen dienlich sind und die zu unserer Selbst-Ermächtigung führen.
g. Wir bleiben immer in der Absicht, uns in unserem Seelen-Plan (Erklärung im Band 2) in einer Weise einzufügen, dass wir immer wohlwollend dem Gesamten gegenüber sein und entsprechend handeln wollen.
h. Indem wir auf diese Weise verfahren, können wir sicher sein, dass uns all das zu Verfügung gestellt wird, was wir brauchen, um diesem Plan dienen zu können.
i. Solange wir das Gefühl haben, dass uns nicht alles zur Verfügung gestellt wird, hat dies den Grund darin, dass in uns immer noch irgendwelche Bedenken, Zweifel oder Ängste sind. Genau diese bewirken, dass wir immer noch auf irgendwelche Situationen stoßen, die uns den Eindruck erwecken, etwas stünde uns im Wege oder wir wären immer noch ohnmächtig. Dann machen wir uns Punkt a) wieder klar und verfahren weiter, wie in den weiteren Punkten b) bis g) beschrieben.
j. Wahre Macht haben wir erlangt, wenn uns nichts mehr etwas ausmacht und wenn wir voll ins unumstößliche Vertrauen gegangen sind, was wir Schritt für Schritt erreichen und in die Vollendung bringen können. Am Ende dieses Ermächtigungs-Prozesses haben wir uns in dem Gesamtplan voll und ganz eingebunden und die Gewissheit dessen erlangt, wer oder was wir sind (Siehe Abschnitt IV).

7. Was sind die tieferen Ursachen des Weltproblems und welche Lösungen ergeben sich daraus?

- Unser wahrer Wesenskern ist Geist, der keinerlei Trennung unterliegt. Und Geist ist Licht und Liebe.
- Alles ist einmal aus der Einheit herausgefallen: Es war ein Herausfall aus dem LICHT in das System von Licht (Geist) und Schatten (Materie), wobei der Schatten uns vorgaukelt, mächtig wie das Licht zu sein (Irrtum).
- Dies führte zur Wahrnehmung von Trennung und zur Vergessenheit dessen, wer wir sind.
- Die Idee all dessen liegt oder lag darin, dass wir uns getrennt von unserem geistigen Gewahrsein als Körper wahrnehmen können mit allen Facetten, wie wir sie kennen.
- Daraus ergab sich ein Trennungsspiel (Licht-Schatten-Spiel), wobei die Perspektive jetzt eine andere ist (statt der Sicht des Geistes haben wir die Sicht des Körpers, was zur Folge hat, dass die Dinge wie auf dem Kopf gestellt sind).
- Das Trennungsspiel hat die ganze Welt erfasst, was heißt, dass sich dieses auf allen Ebenen manifestiert (im Großen, wie im Kleinen, in allen Bereichen des Lebens: Wirtschaft, Ökologie, zwischenmenschliche Beziehungen, ...)
- Wenngleich wir aus der Einheit gefallen sind, so ist das Wissen um all das, was unser wahres Wesen ausmacht, nicht wirklich verloren gegangen. Es liegt nur dumpf in Erinnerung. Es ist dies das Wissen um unsere wahre Macht, um unsere Unversehrtheit, um unsere Vollständigkeit, um unsere wahre Freiheit und dgl.
- Jetzt ist die Zeit, in der sich alles zuspitzt und in der die Auswirkungen dieses Trennungs-Spiels immer deutlicher werden, wobei in gleicher Weise die Sehnsucht nach dem, was uns zu fehlen scheint oder was wir verloren geglaubt haben, wächst.
- Zugleich ist dies die Zeit, in der wir immer besser verstehen, wer wir sind und wo wir herkommen (Zeit der wirklichen Aufklärung).

- Und es ist die Zeit, in der immer mehr Menschen an ihre Schmerzgrenze kommen, die ihnen nicht nur sagt, dass es wie bisher nicht mehr weitergehen kann, sondern die nach Alternativen schreit (die wahre Alternative zum materialistischen Weltbild ist das geistige Weltbild!!!)
- Der zunehmende (Trennungs-)Schmerz, mit dem eine Zunahme der Sehnsucht nach unserer wahren Heimat einhergeht, in Verbindung mit dem Motivationstrieb, in Erfahrung zu bringen, wer wir sind, sind geradezu geeignet, um auch in praktischer Weise die Umkehr einzuleiten.
- Das, was wir aus der Sicht des Körpers wahrnehmen, muss uns glauben machen, dass ein Ausweg aus der oben beschriebenen Weltlage nicht möglich ist. Gehen wir aber in die geistige Sicht über, verhält es sich ganz anders. Dann ist das, was wir wahrnehmen, nur das Resultat unseres falschen Denkens, das wir korrigieren (ändern) können.
- Mit dem, was wir schaffen, werden wir in einer Art konfrontiert, dass es zu einer sich selbst regelnden Lehreinheit wird, die uns auf richtige Pfade führt/zwingt und die uns letztlich am Ende zum Aufwachen bringt. Wir nehmen ständig einen Abgleich von unserem Weltbild und dem, was wir wahrnehmen, vor. Wir beurteilen die Dinge nach Richtigkeit, nach Sinn und dgl., unabhängig davon, ob diese Beurteilung richtig ist. Wir sind ständig in einem Dialog und ändern ständig unsere Meinung. Solange wir im Zwiespalt, im Zweifel, auf der Suche, in der Unruhe, im Unfrieden und dgl. sind, wird sich dies auch nicht ändern. Dieser Dialog hört erst dann auf, wenn wir wieder uns dessen gewahr sind, wer oder was wir in Wirklichkeit sind. Denn dann sind wir mit allem wieder eins (im Einklang) und im Zustand der vollkommenen Allwissenheit, des vollkommen Glücks, der vollkommenen Sicherheit, der vollkommenen Freude, der vollkommenen Harmonie und dgl. Doch um in dieses Gewahrsein zu kommen, braucht es ein Umdenken, mit dem eine Verhaltensänderung einhergeht (Einklang mit dem, was wir denken und dem, was wir tun).
- Wir können die Lehreinheit Leben wie folgt auf einen Nenner bringen: **Vergebung klopft solange an unsere Tür, bis wir in nichts mehr einen Grund für Kampf, Unehrlichkeit, Hass und Täuschung sehen. Solange schauen wir dem Tod (allgemein: den Illusionen) ins Gesicht.**

- Der Weg zurück ist der Weg vom Ich-Gefühl zum Wir-Gefühl, vom Egotrip zum Füreinander und Miteinander, vom Opferdenken zur Selbstermächtigung, von der Lieblosigkeit zur Liebe.

Das Ziel ist, wo es möglich ist,

- die Menschen nach und nach in ihre schöpferische Kraft zu verhelfen, auf dass ein jeder erkenne, dass er mit seinen Gedanken, Gefühlen und Einstellungen seines Glückes eigener Schmid ist.
- diese Menschen dazu verhelfen, in ihre natürliche Selbstentfaltung zu kommen.
- sie dazu verhelfen, immer selbstbewusster zu werden.
- sie dazu verhelfen, ihre wahre Berufung/Bestimmung zu erkennen.
- …

8. Die Selbstheilungskräfte und die Begründung alternativer Heilmethoden.

Wir wissen, dass jeder Mensch über Selbstheilungskräfte verfügt und dass Heilungen ohne jegliche Medikamente und ohne jegliches Dazutun von außen stattfinden können. Das Phänomen des Placebos und des Nocebos sowie die Kenntnis um die Fähigkeit, unser Leben gezielt verändern zu können (Macht der Gedanken, der Emotionen, der Gefühle und der Visionen), sind Indizien genug, um Schwerpunkt auf die Selbstheilung zu legen. Sehr gute Ansätze zu dieser Fragestellung liefert hier auch die sogenannte Epigenetik, mit der sich u.a. die Uni-Saarland befasst.

Interessant in dieser Fragestellung ist auch die tiefere Bedeutung des Begriffes „Medikament“. Das Wort „Medikament” setzt sich aus den beiden Begriffen „Medicus” und „mens“ (Wessen-Fall: mentis) zusammen. „Medicus“ ist das lateinische Wort für Arzt und Heiler und „mens“ ist das lateinische Wort für Geist und Verstand.

Übersetzt bedeutet Medikament also, dass der Geist der eigentliche Arzt bzw. Heiler ist und dass nicht der materielle Aspekt irgendeiner Pille mit einer Heilfunktion ausgestattet ist. Wir sind lebendige Energie. Und lebendige Energie ist nie wirkungslos. Daher gibt es für jedes Symptom oder Problem eines jeden Menschen eine Ursache, die es herauszufinden gilt. Zwei Menschen, die im selben Umfeld sind, können mit unterschiedlichen Symptomen oder Problemen konfrontiert sein. Konkret können zwei Menschen dieselben Bakterien oder Viren in sich tragen und können dennoch unterschiedliche Krankheitssymptome vorweisen (bei dem einen bricht ein entsprechendes Symptom aus und bei dem anderen gar nicht), was darauf schließen lässt, dass das individuelle Symptom oder Problem mit der individuellen Ursache und somit mit dem individuellen Menschen zu tun hat. Wenn also jemand mit einem bestimmten Symptom zu tun hat, ist die wahre Ursache seines Symptoms in ihm selbst bzw. in seiner geistigen Verfassung zu suchen. Anders ausgedrückt heißt dies, dass die Lebens-Situation eines Menschen immer mit ihm selber zu tun hat, also kein zufälliger Zufall ist.

Jeder Mensch verfügt einfach durch sein energetisches (Da-)Sein über eine ständig andauernde Schöpferkraft und ist somit ein ständig Wirkender. Aus dieser Erkenntnis leitet sich ab, dass jeder Mensch über Selbstheilungskräfte und Schöpferkräfte verfügt, die es ihm prinzipiell erlauben bzw. ermöglichen, völlig unabhängig und frei zu sein. Ebenso leiten sich aus diesen Erkenntnissen Phänomene ab, die z.B. als Placebo und Nocebo bekannt sind.

Des Weiteren haben die Begriffe „Medikament" und „Medium" denselben Wortstamm. „Medium" ist das Lateinische Wort für „Mitte". So gesehen können wir anhand dieses gemeinsamen Wortstammes auch den Weg zur Heilung erkennen. Es ist der Weg zur Mitte bzw. der Weg, sich mit dem tiefsten Innern (die wahre Mitte) zu verbinden.

Zusammenfassend kann über die tiefere Bedeutung des Wortes „Medikament" die Auffassung vertreten werden, dass in jedem Menschen ein innerer Heiler (das wahre Medikament) innewohnt, welcher der wirklichen

Heilung fähig ist. Dieser Heiler verfügt über wahre Weisheit, die wir uns durch Anrufung nutzbar machen können bzw. indem wir uns mit ihm verbinden.

Wenn wir nun die oben angesprochenen Seins-Ebenen vor Augen führen, können wir eine gewisse Hierarchie in den verschiedenen Disziplinen im Heilwesen erkennen.

1. Geistheilung (mental, Reiki, Gebete, …) ist eine Disziplin, welche auf dem geistigen Bereich ansetzt. Auch Gedanken/Gefühle/Überzeugungen gehören zu der geistigen Ebene.
2. Homöopathie ist diejenige Disziplin, die auf dem feinstofflichen Bereich über die Schwingung (--> **Information**) ansetzt. Bei Akupunktur und Akupressur werden energetische Impulse auf feinstoffliche Energiebahnen (Meridiane) gegeben, um dort Energie in Fluss zu bringen.
3. Klassische Medizin und Naturheilkunde sind Disziplinen, welche auf dem grobstofflichen Bereich ansetzen.

Hinweise.
a) Meridiane sind in der Akupunktur und Akupressur bekannt, können aber im klassischen biologischen Sinn nicht direkt festgestellt werden (ähnlich der unsichtbaren Energie oder unsichtbaren Materie).
b) Ob wir essen, Medikamente zu uns nehmen oder sonstige Heilmethoden in Anspruch nehmen, ist es so, dass wir uns mit den Dingen immer auch gedanklich auseinandersetzen. Insofern gibt es nichts, wo wir nicht zugleich auch von der geistigen Ebene aus wirken.
c) Vermeintliche Widersprüche in den Anwendungs-Erfolgen sind über Placebo- und Nocebo-Effekt sowie über die inneren Programme und Glaubenssätze erklärbar, wie weiter oben schon beschrieben.

An dieser Stelle sei gesagt, dass alle Disziplinen im Heilwesen ihre Berechtigungen haben. Jedoch soll klargestellt sein, auf welcher Ebene sie ansetzen. Auch soll klargestellt sein, dass es in erster Linie darum geht, die tieferliegenden Ursachen bestimmter Krankheitssymptome ausfindig zu machen und aufzulösen, um die Selbstheilungskräfte wirken zu lassen. Solange diese Ursachen nicht gefunden und aufgelöst werden können, ist es oft sinnvoll, auf die herkömmlichen Methoden bzw. auf die alternativen Methoden zurückzugreifen, um die Symptome wenigstens zu lindern.

Medikamente im pharmazeutischen Sinn oder/und Anwendungen bzw. Behandlungen, welcher Art auch immer, sollten jedoch immer als vorübergehende Hilfsmittel angesehen werden, bis der Klient/ Patient die wirkliche Ursache seiner Symptome erkannt hat. Medikamente im pharmazeutischen Sinn oder bestimmte Anwendungen bzw. Behandlungen können Symptome nicht wirklich ausheilen, allenfalls lindern. Wirkliche Symptomauflösung ist nur über die Ursachenlösung möglich. Bei ausschließlicher Symptom-Behandlung - also ohne Ursachen-Lösung - wird mit hoher Wahrscheinlichkeit eine Symptomverlagerung erreicht, was keine wirkliche Heilung ist, und somit eine Teufelsspirale eingeleitet. Diese Spirale kann nur durch eine Ursachenlösung durchbrochen werden.

Zur Vertiefung dieses Themas sei auf meine Internetseite verwiesen, wie folgt: https://franzguenterleicht.de/synergien-im-heilwesen/

9. Unsere Selbstermächtigung.

Grundvoraussetzung für unsere Selbstermächtigung ist, sich bewusst zu machen, dass unsere bewussten, unterbewussten und unbewussten Gedanken in der Summe, zu denen auch Gefühle, Befürchtungen, Ängste, Sorgen aber auch Visionen und Seelenpläne gehören, genau das schaffen, was wir gerade wahrnehmen.

Sofern wir dies uns immer wieder bewusst machen und wir auf unsere inneren Impulse achten, hat dies zur Folge, dass wir uns von den äußeren Dingen immer weniger beeinflussen lassen. Gleichzeitig hat dies zur Folge, dass wir den Gedanken des Kampfes, der Ängste, Befürchtungen und dgl. keinen Nährboden mehr geben, was uns nach und nach selbstbewusster macht.

Wichtig ist auch, zu wissen, dass es für jedes Wesen einen Plan gibt, der ihm erlaubt, sich aus den geistigen Verstrickungen zu lösen. Dieser Plan ist unserem höheren Selbst bekannt. Das höhere Selbst führt uns aus dieser Verstrickung heraus, so wie wir ihm erlauben, uns zu führen. Wir können dabei sicher sein, wenn wir uns seinem Einfluss hingeben und wir uns von ihm inspirieren lassen, dass es uns alles zur Verfügung stellt, um aus der geistigen Verstrickung herauskommen zu können. Indem wir unseren Verstand unserem höheren Selbst unterordnen, in dem Sinn, dass wir ihn um Rat fragen und entsprechend seines Rates, den wir in Form von Intuition, Inspiration, inneren Impulsen und dgl. erhalten, handeln, schaffen wir einen inneren Einklang. Mit diesem inneren Einklang verfügen wir über eine Schöpferkraft, die in eine einzige Wirkungsrichtung zeigt, sodass alle Dinge, die wir auf unserem Weg brauchen, mit Leichtigkeit zu uns gelangen. Alles geschieht dann für uns wie von selbst und so, wie wir es erahnt, inspirativ erdacht oder von Herzen erwünscht haben.

Natürlich ist dies ein Prozess, der nicht unbedingt von heut auf morgen seinen Abschluss findet. Aber wir können stets darauf hinarbeiten, um ihn sobald wie möglich zum Abschluss zu bringen. Wie lange dieser Prozess dauert, hängt davon ab, wie sehr wir uns auf die Führung unseres höheren Selbst einlassen und wie sehr wir uns von den geistigen Verstrickungen lösen können.

Da das höhere Selbst Liebe ist, werden wir, je mehr wir uns auf es einlassen, umso mehr mit Liebe, Zuversicht und Dankbarkeit erfüllt. Ebenso werden wir bei diesem Prozess zugleich erkennen, wie sich die Dinge immer besser und leichter fügen, was uns auf unserem Weg immer sicherer macht. Je sicherer wir uns fühlen, desto weniger Zweifel, Sorgen und Ängste kommen auf. Dies entspannt uns und bringt uns in inneren Frieden. In der Entspannung und vollkommenen Losgelöstheit wiederum sind wir in der Lage, besser auf unsere Intuition sowie auf unsere inneren Impulse und Eingebungen zu hören.

Der der Weg des Sich-führen-Lassens, der Vergebung und des Vertrauens, wie eben beschrieben, ist die Grundvoraussetzung für unsere Selbstermächtigung. Darauf aufbauend, ist es wichtig, uns bewusst mit unseren Gedanken zu beschäftigen. Ja wir können mit unseren Gedanken spielen und so tun, als wäre alles, was wir uns ausmalen, schon da. Je mehr wir an unseren Gedanken und dem, was wir uns ausmalen, Freude haben, desto kraftvoller sind wir.

So können wir uns beispielsweise regelmäßig Zeit nehmen, um liebevolle Energien in die Welt zu schicken und uns dabei ausmalen, wie wir leben und wie wir die Welt haben wollen. Ebenso können wir uns regelmäßig Zeit nehmen, um uns vorzustellen, wie wir von einem Schutzmantel umgeben sind, der uns vor negativen Einflüssen jedweder Art schützt. Oder/und wir können uns vorstellen, dass wir über ein Lichtschwert verfügen, das uns stets vor Gefahren schützt und gegebenenfalls negative Kräfte, die unsere Kraft schmälern oder unsere positiven Absichten torpedieren wollen, vertreibt oder in die Verbannung schickt. Zusätzlich können wir Verfügungen aussprechen, die unsere Macht stärken, wie z.B.:

- *Ich [Dein vollständiger Name] verfüge Kraft meines göttlichen Bewusstseins, wenn gegen mich als Person irgendwelche Repressalien aufgrund eines Tuns meinerseits auferlegt wird, wenn jenes Tun aus meiner inneren Überzeugung heraus motiviert ist und dabei nicht gegen die göttliche Ordnung verstößt, dass diese Repressalie auf den Urheber/die Urheberin in der Weise zurückkommt, dass er/sie nicht weiter aufrechterhalten kann und dass sie zugleich ins Nichts verpufft. Ich bin frei.*
- *Ich verfüge, dass jegliche Strahlung, die gegen Menschen und Natur eingesetzt wird, mittels geeigneter Filter, die im morphogenetischen Feld der Erde errichtet sind, absorbiert, neutralisiert und in heilsame Energie umgewandelt wird.*
- *Ich verfüge, dass jedem Menschen, der Mitmensch und Natur wohlwollend gegenüber ist und der sich für eine neue, lebenswerte, harmonische und Freiheitsentfaltende Lebensweise auf Erden einbringen möchte, alles dafür Notwendige zufließt.*

- *Ich verfüge, dass allen einflussreichen Menschen, die sich dem Glück der Menschen entgegenstellen (wollen), um sich persönliche Vorteile zu verschaffen, sofort ihre Einflusskraft genommen wird.*
- *Ich verfüge, dass alle Menschen, die über höhere Einsicht und Weisheit verfügen und diese zum Allgemeinwohl einsetzen wollen, entsprechende Macht, Kraft und Gelegenheit bekommen, um sich in dieser Welt optimal einbringen zu können.*
- *Ich verfüge, dass meine Seele voll und ganz in das Feld des Lichts und der Liebe GOTTES eingetaucht wird und dass zugleich mein Energiekörpersystem an das Energiefeld meiner Seele angepasst wird.*
- *Ich verfüge, dass mir all das gegeben wird, was mich bei meinem Auftrag, der Welt zu helfen, voll und ganz unterstützt.*
- *Ich verfüge, dass mir all das genommen wird, was mich daran hindern würde, meinem Seelenplan zu folgen und ihn nach bestem Gewissen durchzuführen.*
- *Ich empfehle meinen Geist, meinen Körper, mein Ego, ja mein ganzes Leben in die Hände GOTTES.*
- *Ich verfüge, dass entsprechend dieser hier vorgebrachten oder ähnlichen Verfügung den Himmlischen Mächten erlaubt ist, hier in diesem irdischen Prozess in der Funktion als Helfer, Führer, Berater und Beschützer einzuwirken.*
- *Ich, der ich von GOTT die Schöpferkraft vererbt bekommen habe, verfüge, dass dieser Verfügung jetzt zu entsprechen ist und dass sich dies jetzt sofort ereignet!*

So geschieht es. So sei es. So ist es.

Je mehr Menschen sich finden, die an ihrer Selbstermächtigung arbeiten und derlei Verfügungen aussprechen, desto mehr werden die Machthabenden, welche die Menschen unterjochen wollen, ihre Macht verlieren, desto mehr tragen wir an der neuen Erde bei. Lasst uns alles in unserer Macht Stehende tun, um den neuen Morgen herbeizurufen!

10. Fazit des Kapitels III.

Macht hat immer damit zu tun, dass sich mehrere finden, die eine Idee gemeinsam teilen, weil damit die Gedanken allesamt in eine Wirkungs-Richtung zeigen. Je mehr eine Idee teilen, desto größer ist die Macht, um diese Idee zu verwirklichen. Größte Macht erlangen wir dann, wenn wir uns in den Gesamtplan Gottes, der von allen getragen wird, ob bewusst oder unbewusst, vollkommen einfügen. <u>**Daraus leitet sich folgender Spruch ab:**</u> ***„Gemeinsam sind wir stark."***

IV. Die Kraft der Wir-Haltung.

1. Die zwei Grundhaltungen.

Alte Grundhaltung	Neue Grundhaltung
Jeder pocht auf seine Meinung und sein Weltbild oder meint, dass er Recht hat	Jede Meinung oder Sichtweise ist wichtig und trägt zur Bereicherung bei
Fokus auf egozentrische Ziele (Gier, Nehmen ohne zu geben oder bedingt geben)	Fokus auf gemeinsame Ziele (natürliche Bedürfnisse, Geben und Nehmen in Einklang bringen)
Fokus auf Mangel	Fokus auf Fülle
Ichbezogenheit	Fokus auf Gemeinsamkeit, Einheit
Konkurrenzdenken, Eigenbrötlerei, Ellenbogen gebrauchen	Teamarbeit und Zusammenarbeit anstreben
Ökonomie ohne Ökologie	Ökonomie im Einklang mit Ökologie
Begrenztes, kurzfristiges und reines Kopf-Denken und entsprechendes Handeln	Intuitives, Horizont eröffnendes Denken und Handeln, Gefühle sprechen lassen
Diese Grundhaltung führt zu • Problemen, • Notständen, • Konflikten, • Kurzfristigen Erfolgen mit hohem Zeit- und Energieaufwand • Unbefriedigender Produktivität • Raubbau an der Natur • Aufstieg und Abstieg • Teufelsspiralen	**Jene Grundhaltung dagegen führt zu** • Lösungen • Angenehmem Zusammensein • Harmonischem Zusammenspiel • Zielen/ Erfolgen, die schneller und leichter erreichbar sind • Optimierung der Produktivität • Einklang mit der Natur • Nachhaltigkeit • Engelsspiralen

2. Voraussetzungen für einen Erfolg.

Nachstehend etwas zu den Voraussetzungen für einen Erfolg (im privaten, geschäftlichen und sonstigen Bereich), **der** wie von selbst kommt, schnell und leicht zu verwirklichen ist sowie nachhaltig sein kann (nachhaltig in dem Sinn, dass das entsprechende Ziel weiterverfolgt und gutgeheißen werden will. Für den Fall also, dass ein bestimmtes Ziel nicht weiterverfolgt werden will, hört selbstverständlich die Nachhaltigkeit auf):

a. Zugehörigkeitsgefühl (Wenn sich jeder als Teil einer bestimmten Gemeinschaft fühlen und sich mit dieser Gemeinschaft bzw. der Idee, die hinter dieser Gemeinschaft steckt, identifizieren kann).

b. Bewusstheit bzgl. der eigenen Talente, Fähigkeiten und Gaben, die er für die Gemeinschaft bestmöglich einbringen kann.

c. Gegenseitiges Zugeständnis, dass jeder sich individuell entsprechend seiner Fähigkeiten, Talente und Gaben so einbringen kann und darf, dass es der Gemeinschaft (Familie, Firma, Staat, usw.) bestmöglich dient. **Erklärung dazu:** Was der eine nicht gut kann, kann der andere besser. Weil in einer Gemeinschaft mehrere Dinge zu verrichten sind, dient es dieser Gemeinschaft am besten, wenn die Aufgabenverteilung so durchgeführt wird, dass sich diese individuellen Fähigkeiten, Talente und Gaben gegenseitig ergänzen. So wie in einem lebendigen Organismus jeder Zelle und jedem Organ eine bestimmte Aufgabe zugewiesen ist, kann und soll in einer Gemeinschaft jedem Individuum eine solche Aufgabe zugewiesen werden, die es entsprechend seiner Talente, Gaben und Fähigkeiten am besten tun kann.

d. Schaffen eines Freiraums innerhalb eines vorgegebenen Rahmens, den die entsprechende Aufgabe, die in dieser Gemeinschaft zu verrichten ist, vorgibt. **Erklärung dazu:** Ist eine bestimmte Aufgabe innerhalb eines vorgegebenen Rahmens einem Individuum zugewiesen, sollte gewährleistet sein, dass sich das Individuum frei einbringen kann. Denn je freier es sich fühlt, desto mehr Spaß hat es an seiner Arbeit und desto eher kann es sich entfalten.

e. Vermittlung dessen, dass jeder ein Teil der Gemeinschaft ist und dass gegenseitiger Profit anzustreben ist (was dem Ganzen guttut, tut auch jedem Teil dieses Ganzen gut).

f. Optimal ist, wenn sich jeder in den Dienst der Gemeinschaft stellt, egal, in welcher Position er ist, und wenn jeder die Positionen und Aufgaben der anderen respektiert sowie achtet!!!

g. In der Position eines Direktors, Mangers oder Vorgesetzen ist es von Vorteil, sich in die Belange der Mitarbeiter hineinversetzen zu können und wenn Empathie, soziale Kompetenz, Gelassenheit sowie innere Ruhe stark ausgeprägt sind.

3. Was ist das Ziel einer Gesellschaft in der neuen Zeit (stichwortartig)?

- Bewusstsein schaffen für Synergien für Privatpersonen und Unternehmen.
- Bewusstsein schaffen für geistige Prinzipien.
- Bewusstsein schaffen für die Kenntnis, dass in jedem Menschen innere Potenziale sind, die entfaltet werden können.
- Bewusstsein schaffen für ein Leben in Brüderlichkeit (Wirtschaftsleben), in Gleichheit (Rechtsleben) und Freiheit (Geistesleben).
- Bewusstsein schaffen für eine Gesellschaft, in der Geistesleben (Kultur, Bildung, Religion, ...), Rechtsleben (Politik, Verwaltungsrecht) und Wirtschaft sich selbst verwalten und relativ autonom den jeweils eigenen Funktionsprinzipien folgen können (soziale Dreigliederung nach der Idee Rudolf Steiners).
- Begeisterung schaffen für das Große und Kleine.
- Zu neuen Erfahrungen und Kenntnissen verhelfen (neue Sichtweisen können zu neuen Perspektiven beitragen oder einen neuen Lebenssinn erkennen lassen.).
- Argumente für ein einfacheres und doch erfolgreiches Leben, ob privat oder geschäftlich.
- Ideen-Gebung für ein harmonischeres, leichteres und sinnerfülltes Zusammenwirken von Gemeinschaften, wie Familie, Freundeskreis, Firmen, also von jeglichen Arten von Zusammenschlüssen.

Der Neue Morgen. Es ist an der Zeit, dass der Mensch den nächsten Schritt der Evolution einleitet. Dies kann er aber nur dann tun, wenn er sich der geistigen Gesetzmäßigkeiten (siehe Band 2) bewusst wird, wenn er erkennt, dass sein Bewusstsein Teil eines noch größeren geistigen Organismus ist und wenn er zugleich bereit ist, sich in das hierarchische Gefüge dieses noch größeren geistigen Organismus einzugliedern.

Um in dieser Aufgabe zu wachsen, kann sich der Mensch in allen möglichen Gebieten, in denen er aktiv ist, üben. Übung macht bekanntlich den Meister.

Zum Beispiel können die Erkenntnisse über das Funktionsprinzip eines Organismus auf Familien, Gemeinden, Firmen und Staaten angewendet werden. Selbst wenn es um internationale Beziehungen oder geopolitische Strategien geht, können diese Erkenntnisse angewendet werden, um die Menschheit, die ebenso ein Organismus darstellt, in eine neue Epoche der Brüderlichkeit und Freiheit zu führen. Denn hinter jedem Staat steckt eine Art Gruppengeist, der mit speziellen Gaben ausgestattet ist. Zusammen ergänzen sich die Staaten, wobei anzumerken ist, dass es immer schon Epochen gab, in denen eine Nation oder ein Staat herausragte und die Menschheit in der Entwicklung voranbrachte, siehe [Weltenplan, Axel Burkart]. Nichts desto trotz, hat jeder Staat (jede Nation) seine Berechtigung und Aufgabe, die er für die neue Epoche (den neuen Morgen) einbringen kann. Diese Aufgabe muss jeder Staat für sich herausfinden.

Mittlerweile ist es auch der breiten Masse möglich, mehr und mehr hinter die Kulissen dieses Weltgeschehens zu schauen und die Aufgabe des Menschen (siehe Band 2) erkennen zu können. Dies eröffnet generell die Möglichkeit, dass sich immer mehr Menschen für den neuen Evolutions-Schritt auf allen möglichen Ebenen einbringen können, sei es im persönlichen Bereich, im Geschäftsleben, auf nationaler oder internationaler Ebene, sei es im landwirtschaftlichen Bereich, im medizinischen Bereich oder in einem sonstigen Bereich.

4. Fazit des Kapitels IV.

Die Wir-Haltung liefert beste Voraussetzung zur Erlangung uneingeschränkter Macht.

V: Von der Unbewusstheit zur Bewusstheit (vom unbewussten Schöpfer-Dasein zum bewussten Schöpfertum).

1. Allgemeine Überlegungen.

Die meisten Gedanken, die uns kommen, rühren von Prägungen und von Gewohnheiten her. Entsprechend ist unsere Antwort auf bestimmte Situationen re-aktiv. Dies heißt, dass wir auf ähnliche Situationen ähnlich reagieren, weil wir es einfach so gewohnt sind.

Sofern wir uns diese re-aktiven Verhaltens-Weisen nicht bewusst machen, handeln wir weiterhin unbewusst und nicht unbedingt so, wie wir uns gerne verhalten würden, wenn wir z.B. unser Herz sprechen lassen. Das mechanische Denken verhindert, selbständig zu denken. Es hindert uns an unserer inneren Entwicklung.

Der Vorteil des mechanischen re-aktiven Denkens und Handelns liegt darin, dass es bequem ist und wir nichts hinterfragen müssen. Der Nachteil ist, dass wir entwicklungsmäßig keinen Schritt vorankommen und dass sich die Dinge quasi wiederholen, wenngleich in einer etwas anderen Form. Wir mögen hierbei zwar denken, dass es doch immer etwas Neues gibt, aber wenn es um wahre Entwicklung geht, treten wir mehr oder weniger auf der Stelle. Es ist, als würden wir auf einem Hamsterrad laufen. Wir kommen zwar (in Bezug auf das Rad) voran, aber nicht wirklich entwicklungsmäßig weiter und können den Käfig (die Begrenztheit) nicht verlassen. **Das mechanische Denken ist entgegen unserer wahren Natur, befriedigt uns nicht wirklich und lässt unsere Sehnsüchte ungestillt.**

Der Nachteil des nicht-reaktiven und Grenzen überschreitenden Denkens liegt darin, dass wir alles nach Richtigkeit und nach Stimmigkeit mit dem inneren Wissen prüfen müssen, was in den Anfängen etwas anstrengend erscheint, weil es entgegen unserer Gewohnheit ist. Wir müssen quasi gegen die Macht der Gewohnheit ankämpfen. Der Vorteil liegt darin, dass wir persönlich und spirituell voranschreiten sowie fähig sind, die Grenzen des Verstandes nach und nach aufzuheben. Außerdem ermächtigt uns dieser Prozess und macht uns mehr und mehr zum bewussten Schöpfer. Er entspricht unserem innersten Bedürfnis. Über diesem Weg finden wir uns selbst und können unsere wahren Sehnsüchte stillen.

Die theoretischen Abhandlungen (siehe Band 2) werden ergeben, dass wir alle Schöpfer sind, egal, ob wir uns dessen bewusst sind oder nicht. Alle unsere Gedanken, Gefühle, Befürchtungen, inneren Überzeugungen, Visionen und dgl. haben Wirkung auf alles, was wir wahrnehmen. Doch meist oder oft nehmen wir Dinge wahr, die uns nicht gefallen, über die wir uns ärgern, die uns Angst oder Sorgen machen. Sie alle sind aber die Folgen unserer inneren Gedanken- und Gefühlswelt. Dies heißt, dass unsere schöpferische Macht vollkommen unangetastet ist.

Wenn wir dies nicht so wahrnehmen können, dann nur deshalb, weil wir einerseits unbewusste Schöpfer sind und andererseits, weil wir (immer noch) innerlich zerrissen, gespalten bzw. verstrickt sind, was wir in Abschnitt II. Punkt 5 (die Macht der Gedanken) ersehen konnten.

Solange unsere Gedanken und Gefühle nicht im Einklang mit all unseren Bewusstseinsteilen (Bewusstsein, Unterbewusstsein, Überbewusstsein) sind, bleiben wir unbewusste Schöpfer und haben immer irgendwelche Zweifel an unserer schöpferischen Macht. **Der einzige Weg, um sich zum bewussten Schöpfer erheben zu können, ist der Weg des ‚Sich-führen-lassens', der Weg der Vergebung, der Weg des Vertrauens, der Weg des Lauschens dessen, was unsere Seele für uns will, sowie der Weg des Miteinanders und Füreinander.** Für jeden Menschen gibt es einen Weg, der ihn zu seiner wahren Selbstermächtigung führt. Das höhere Selbst eines jeden Menschen kennt diesen Weg. Daher kommen wir nicht umhin, uns von unserem höheren Selbst führen und leiten zu lassen, wollen wir zum bewussten Schöpfer werden.

Werden wir zu einem Beobachter, der lernt, an dem, was ihm widerfährt, immer mehr zu erkennen, dass dies nur mit ihm selbst zu tun hat!!!

Dadurch werden in uns nach und nach alle unbewussten Gedanken, Überzeugungen, Visionen, Befürchtungen und dgl. bewusst. Je mehr wir uns all dessen bewusst werden, desto selbst-bewusster werden wir. In gleicher Weise werden die Zweifel, die in uns aufkommen, immer weniger. Am Ende dieses Prozesses werden wir uns all unserer Bewusstseinsteile bewusst und werden zum bewussten Schöpfer. Dann können wir quasi wie durch einen Knopfdruck all das schaffen, was wir uns von Herzen wünschen. Dabei werden wir erkennen, dass wir nichts anderes wollen, als das zu schaffen, was nicht nur uns, sondern auch dem Ganzen dienlich ist. Weil sich die Freude dadurch mehrt, werden wir automatisch an dieser sich mehrenden Freude teilhaben und dadurch noch mehr motiviert sein, etwas zu schaffen, was nicht nur uns, sondern auch dem Ganzen dienlich ist. Dann wird unser Leben höchste Erfüllung finden mit einem minimalen Energieaufwand sowie bei höchster Effizienz.

2. Fazit des Kapitels V.

Die Wir-Haltung in Verbindung mit der Absicht, sich in die Führung unseres Höheren Selbst einzufügen, liefert beste Voraussetzung zur Erlangung der Bewusstheit dessen, wer wir in Wirklichkeit sind.

VI. Überleitung zu Band 2.

In Band 2 wird das derzeitige Weltbild - das materialistische Weltbild - genauer unter die Lupe genommen mit dem Ergebnis, dass wir die Existenz des Geistes fordern müssen und dass dieser nicht materiell ist. Wenn wir die Materie näher betrachten, kommen wir zu dem eindeutigen Ergebnis, dass sie ohne Geist nicht existenzfähig, geschweige denn lebensfähig ist.

Geist wird als lebendige Energie definiert, die fähig ist, zu lenken, zu beeinflussen, zu ordnen, zu schaffen und abzuschaffen. Da wir fühlende und denkende Wesen sind, die durchaus auch in der Lage sind, zu beeinflussen, gehören wir dem Geist und nicht der Materie an. Demnach ist die Materie ein reines Schaffensprodukt des Geistes.

Wie wir nun in diesem Gesamtkontext zu sehen sind, wird eingehend in diesem Band erörtert. Viel Spaß beim Lesen.

VII. Literatur/Quellenangabe.

1. Carpenter Effekt: https://www.hypnoseausbildung-seminar.de/hypnoseinfo/hypnoselexikon/carpenter-effekt.html

2. Epigenetik: ‚Der Geist ist stärker als die Gene', Bruce Lipton: https://www.youtube.com/watch?v=HLJWj_hNki4

3. Epigenetik, Wasser- und Reisexperimente von Masaru Emoto, Placebo-Nocebo-Effekt: https://www.youtube.com/watch?v=livLliVWWoY

4. PEAR - PSI Research at Princeton University, Einfluss des Geistes auf Maschinen: https://vimeo.com/4359545

5. https://www.amazon.com/The-Biology-of-Belief-ebook/dp/B001EQ5ZJK

6. https://www.consciouslifestylemag.com/mind-over-matter-experiments/

7. Pflanzen-Experiment: Dr. Cleve Backster: https://dieter-broers.de/unsere-gedanken-sind-nicht-in-unserem-kopf-begrenzt/

8. Roboter-Küken-Experiment: https://www.youtube.com/watch?v=M0cURvVvBew

Stichwortverzeichnis.